「機械学習・AI」のための
データ処理入門

はじめに

「AI」という言葉は、すでに社会の中に浸透し、多くのサービスに提供されています。

少し前までは、「AIってなんだ！？」という報道番組が流行っていましたが、最近では改めて紹介するというものは少なくなってきています。

しかし、「数値の処理」と「画像の処理」が、「同じデータの処理である」ことは、多くの人には理解されていません。

実際は、「数値」「文字」「画像」「音声」「言語」のデータは、まったく同じ流れで処理されているのです。

*

「PythonとKerasによるディープラーニング」の著者のフランソワ・ショレ（François Chollet）は、その著書の中で、「ディープラーニングはデータから表現を学習する数学的な枠組み」であると記載しています。

「AI」は「機械学習」を包括し、「機械学習」は「ディープラーニング」を包括しています。

こうした前提であれば、「AIはデータから表現を学習する数学的な枠組み」である、と捉えることができます。

この、「数学的な枠組み」というのは、AIの計算プロセスを概観するときに、「1つのルールに沿ってデータが扱われる」と考えることができることを意味しています。

*

本書では、この「データの処理」の流れを分かりやすく解説し、その理解が「数値処理」、「画像処理」でも同じであることを説明していきます。

このため、本書のタイトルは「『機械学習・AI』のためのデータ処理入門」にしてあります。

そして、データ処理の流れを理解することで、画像処理の仕組みを理解しやすくし、自分でも市販のパソコンで画像処理をできるようにすることを目的としています。

「画像処理」は、有償のクラウドコンピューターや大型のコンピューターを利用しないとできないのでは、と思いがちですが、市販のパソコンで行なうという「こだわり」に徹していきたいと思います。

和田尚之

「機械学習・AI」のための データ処理入門

CONTENTS

## 第1章

データから機械学習・AIの流れを知る

この章では、「データ」を日常的な風景の中からピックアップして、データの定性的なもの、定量的なものの違いを解説します。

中学校で習った「連立方程式」で実際に解いた上で、機械学習・AIで解くとどうなるのか、AIがデータを取り込む流れを概観し、最後は、数値データと画像データがAIにどのように入っていくのかを解説していきます。

1-1 「連立方程式」からデータを捉えてみる

■データと連立方程式

「データとは、いったいなんだ？」と問われると、なんとなく分かっていても明確には答えられない人が多いかと思います。

データとは、「ある情報」のことですが、これは「定性的・定量的な値の集まり」を指し、単数形では、「データム」(datum)と呼んでいます。

*

「連立方程式」(simultaneous equation)は、中学校2年生のときに学ぶ教程です。

高校や大学の基礎数学で「線形代数学」(linear algebra)といった、線形空間と線形変換を扱う代数学において、行列や解析学の基礎として、重要な位置にあります。

ここでは、連立方程式の基本を思い出しながら、行列として表現していきます。

　さらに、より身近にデータを感じてもらうために、ある飲食店でのランチを例に、それらのデータから新しい店舗を出店させた場合に、月の売り上げがいくらになるのかという「回帰問題」を解いてみます。

　「データとは、このようなものか」と、体験できれば、まず本書の目的に一歩近づいたことになります。

■連立方程式と行列

次のような連立方程式があった場合の、線形方程式を解いてみましょう。

$$\begin{cases} 1x + 2y = 5 \\ 3x + 4y = 6 \end{cases}$$

まず、上の式を、次のような形にします。

$$x = 5 - 2y$$

この式を、最初の下段の式へ代入します。

$$3(5 - 2y) + 4y = 6$$
$$15 - 6y + 4y = 6$$
$$15 - 2y = 6$$
$$-2y = 6 - 15$$
$$-2y = -9$$
$$y = 4.5$$

この解「$y = 4.5$」を、冒頭の上段の式に代入します。

$$1x + 2 \times 4.5 = 5$$
$$x + 9 = 5$$
$$x = -4$$

以上から、「$x = -4$、$y = 4.5$」となりました。

*

せっかくなので、この連立方程式を、今度は「線形代数学」で解いてみましょう。

線形代数学では「行列式」(det：determinant)で解くことができます。

この方式は、ガブリエル・クラメール (Gabriel Cramer、スイス、数学者、1704-1752) が1750年に「クラメールの公式」(Cramer's rule) として提唱したもので、現在でもコンピューターで線形方程式を解くための基本的手法として知られています。

「x」や「y」を「変数」(統計学では変量) と呼びます。

この変数は、たとえば、「味、値段、ボリューム、サービス、・・・」などと種類が増えていくと、「x」や「y」だけでは煩雑になるため、「$x = x_1, y = x_2, z = x_3, ...$」といったように、添字記号によって変数の数を拡張して使います。

さっそく、この添字記号を使って、次のような連立方程式を考えてみます。

$$\begin{cases} a_{11}x_1 + a_{12}x_2 + ... + a_{1n} = b_1 \\ a_{21}x_1 + a_{22}x_2 + ... + a_{2n} = b_2 \\ \quad\quad \cdot\quad\cdot\quad\cdot\quad\cdot \\ a_{n1}x_1 + a_{n2}x_2 + ... + a_{nn} = b_n \end{cases}$$

　ここで、「a_{11}」は「a_{ij}」といったように表記しますが、「i は横方向の"行の番号"」「j は縦方向の"列の番号"」であり、それらが全部で「n 個」ある、という意味です。

　先の線形方程式は、次のように表記します。
　横が「行」、縦が「列」です。

$$A =$$

$$x = \begin{bmatrix} x_1 \\ x_2 \\ \cdot \\ x_n \end{bmatrix}$$

$$b = \begin{bmatrix} b_1 \\ b_2 \\ \cdot \\ b_n \end{bmatrix}$$

　「A」は、「行列」（Matrix）で**係数行列**を指し、「x」は「列ベクトル」で**変数ベクトル**を、そして「b」は、「列ベクトル」で**切片ベクトル**を表わします。
　いわゆる「$y = aX + b$」という「線形1次方程式」です。

　上の式において、係数行列が、縦と横が同じ個数である「**正則行列**」（regular matrix）である場合、この線形方程式は、次の「クラメールの式」を使って解くことができます。

$$x_i = \frac{det(A_i)}{det(A)}.$$

それでは、先ほどの連立方程式を解いてみましょう。

$$\begin{cases} 1x + 2y = 5 \\ 3x + 4y = 6 \end{cases}$$

$$(A|b) = \begin{pmatrix} 1 & 2 & | & 5 \\ 3 & 4 & | & 6 \end{pmatrix}$$

ここでクラメール式を使って、次のように計算します。

行列式は「││」で表記し、たとえば「2行×2列」の行列式では、「**左上×右下－右上×左下**」で計算して求めることができます。

$$x = x_1 = \frac{det(A_1)}{det(A)} = \frac{\begin{vmatrix} 5 & 2 \\ 6 & 4 \end{vmatrix}}{\begin{vmatrix} 1 & 2 \\ 3 & 4 \end{vmatrix}} = \frac{5 \times 4 - 2 \times 6}{1 \times 4 - 2 \times 3} = \frac{8}{-2} = -4$$

$$y = x_2 = \frac{det(A_2)}{det(A)} = \frac{\begin{vmatrix} 1 & 5 \\ 3 & 6 \end{vmatrix}}{\begin{vmatrix} 1 & 2 \\ 3 & 4 \end{vmatrix}} = \frac{1 \times 6 - 5 \times 3}{1 \times 4 - 2 \times 3} = \frac{-9}{-2} = 4.5$$

簡単な連立方程式を、わざわざクラメールの式で求めたところで面倒なだけですが、これが大きなデータになってくると、コンピューターでプログラムを組むことで簡単に大きなデータも解くことができます。

では、「機械学習・AIにおいては、どこをデータと指す」のでしょうか？
Microsoft Office の Excel を使って、先に解説します。

先に出てきた、連立方程式を再記しましょう。

$$\begin{cases} 1x + 2y = 5 \\ 3x + 4y = 6 \end{cases}$$

「データとは、『ある情報』のことですが、これは『定性的・定量的な値の集まり』を指します」

と、冒頭で説明しました。

では、「値の集まり」とは、単純に「1, 2, 5, 3, 4, 6」といった数字を指すのでしょうか？

実は、機械学習・AIで使われるデータは、「x, y」だけ、つまり、「$x_1, x_2, \ldots , x_n$」を指します。

「yとx」は「変数」(変量)であり、「a は係数」、「b は切片」となります。

たとえば、日常的に仕事で使う Excel で、上の連立方程式のデータを入れると、次のようになります。

◢	A	B	C
1	x_1	x_2	
2	x_1	x_2	
3			

図1-1　Excelで入れた「データ」

この連立方程式は、次のようになります。

$$\begin{cases} 1x + 2y = 5 \\ 3x + 4y = 6 \end{cases} \quad \Rightarrow \quad \begin{cases} 1x_1 + 2x_2 = 5 \\ 3x_1 + 4x_2 = 6 \end{cases}$$

機械学習・AIで扱われる「データ」とは、「変数」を指します。

そして「a(係数)」や「b(切片)」は、回帰モデルでは、計算によって求めていきます。

あくまでもここでは、「変数を"データ"として捉える」という、狭義での使用となります。

情報はみな「データ」ですが、割り切って考えて下さい。

「データ」のイメージが混乱してしまいそうなので、実際に具体的な例題を使ってExcelで次の項で説明しましょう。

■Excelで解いてみる

具体的なイメージを分かりやすくするために、いくつかの飲食店のランチを例題にしましょう。

この際、各店舗でのランチはばらつきを少なくするために、「とんかつ定食のランチ」と仮定します。

これらの店舗の「味、ボリューム(量)、値段、席数」は「5段階尺度」を使い、「売上」は「10段階尺度」を使います。

5段階も10段階も、数値が大きいのが「良い」、小さいのは「悪い」というイメージで評価をします。

統計学では、「Yes or No」などの評価や成績表の「5段階評価」などのことを「**質的基準**」(qualitative criteria)と呼び、具体的な「○ m、△kg」などのように数値で測ることができるものを「**量的基準**」(quantitative criteria)と呼んでいます。

「質的基準」では、性別などの「**名義尺度**」(nominal scale)と、1位~3位などの「**順序尺度**」(ordinal scale)という尺度があります。

一方、「量的基準」では、年代や温湿度などの「**間隔尺度**」(interval scale)と身長や値段などの「**比例尺度**」(proportional scale)」があります。

この尺度は1946年にスタンレー・スティーブンズ(Stanley Smith Stevens、米、心理学者、1906-1973)がサイエンス誌に発表して提唱されたものです。

	味	量	値段	席数	売上
店舗1	5	3	5	4	6
店舗2	3	5	3	5	8
店舗3	2	4	2	3	4
店舗4	4	2	4	4	9
店舗5	3	4	2	3	7
店舗6	1	4	2	2	4
店舗7	3	3	4	4	5
店舗8	4	4	3	3	9

← ラベル
つまり変数名

図1-2　飲食店の「とんかつ定食ランチ」の8店舗のデータ

先に、Excelで分析を行なうための初期設定をします。

手　順　Excelの初期設定

[1]「分析ツール」を有効にする

「ファイルタブ ➡ その他 ➡ オプション ➡ アドイン ➡ いちばん下の「管理(A)の右端の設定」➡ アドイン」に移動します。

ダイアログボックスが出るので、「分析ツール」にチェックを入れ「OK」ボタンで設定ができます。

[2] Excelの再起動

Excelを一度閉じて、もう一度Excelを開きます。パソコン自体を再起動する必要はありません。

次回以降は、すでに設定済になっています。

[3]「回帰分析」を選択

「データ」のタブから分析の「データ分析」を選ぶと、次のようにダイアログボックスが出てくるので、「回帰分析」を選びOKボタンを押します。

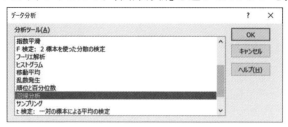

図1-3　Excelの分析ツールのダイアログボックス

[4]「入力Y範囲」と「入力X範囲」の選択

「入力Y範囲」は、Excelのデータの「売上から店舗8のデータの9まで」を選びます。

「入力X範囲」は「味の所から席数の店舗8の席数の店舗8の最後のデータの3まで」を選びます。

ラベルの部分にチェックを忘れないようにしましょう。

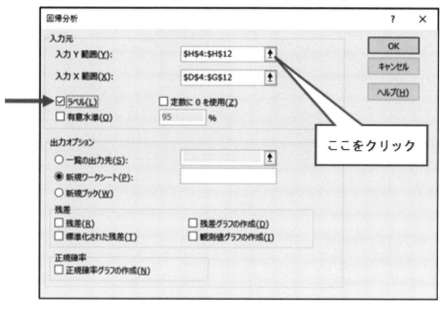

図1-4　分析ツールの「回帰分析」

計算結果を次に示しますが、少し解説をしましょう。

「**重相関 (0〜1)**」とは、「味」「量」「値段」「席数」の4つ (説明変数または変量) と、「売上」(目的変数または変量) の相関係数です。

そして、「**決定係数 R2 (0〜1)**」は、重相関の2乗をとったもので、「1つの定規で説明変数 (変量) と目的変数 (変量) を測ったときの、当てはまりの良さ」を示します。

	A	B	C	D	E	F	G	H	I	J
1	概要									
2										
3	回帰統計									
4	重相関 R	0.808802								
5	重決定 R2	0.65416								
6	補正 R2	0.19304								
7	標準誤差	1.859677								
8	観測数	8								
9										
10	分散分析表									
11		自由度	変動	分散	観測された分散比	有意 F				
12	回帰	4	19.6248	4.906201	1.41863381	0.402949				
13	残差	3	10.3752	3.458399						
14	合計	7	30							
15										
16		係数	標準誤差	t	P-値	下限 95%	上限 95%	下限 95.0%	上限 95.0%	
17	切片	5.234351	5.731319	0.913289	0.428432354	-13.0053	23.47397	-13.0053	23.47397	
18	味	1.866588	0.954255	1.956068	0.145409232	-1.17028	4.903455	-1.17028	4.903455	
19	量	-0.55869	1.167851	-0.47839	0.665074397	-4.27531	3.157937	-4.27531	3.157937	
20	値段	-1.95892	1.468132	-1.33429	0.274346517	-6.63117	2.71333	-6.63117	2.71333	
21	席数	1.022692	1.127771	0.906825	0.431350236	-2.56638	4.611763	-2.56638	4.611763	
22										
23										

図 1-5　分析ツールの「回帰分析」の計算結果

図 1-5の「有意F」は、**「F 検定」**として知られており、統計学の父のフィッシャーの頭文字に因んだと言われています。

この値が小さいほど、「回帰分析モデルの適合度が高い」ことを示しますが、ここでは、データ量が少ないので「0.402…」とだいぶ大きくなっています。

「t」は**「t 検定」**で、「test」の「t」から来ていると言われています。

この値が小さいほど、目的変量の「売上には量が大きく関係している」ことが読み取れます。

「P-値」は「probably（たぶん）の p」と言われています。

この値が大きいほど、「説明変数（変量）が目的変数（変量）へ影響を与えている」ことになりますが、ここでも「量」が「0.665…」となっています。

計算ができたので、今度は「回帰方程式」にしていきましょう。

$$y = a_1x_1 + a_2x_2 + a_3x_3 + a_4x_4 + b$$

これを、次のように書き換えられます。bは「切片」です。

$$y売上 = a_1 \times 味 + a_2 \times 量 + a_3 \times 値段 + a_4 \times 席数 + b$$

ここで、計算結果の係数の欄から、それぞれを方程式に入れると次になります。

$$y = (1.866) \times x_1 + (-0.558) \times x_2 + (-1.958) \times x_3 + (1.022) \times x_4 + 5.234$$

この計算結果を使って、Excelで別の店舗を作る計画を立て売上を予測します。

表1-1　計算結果から回帰方程式を作って売り上げを予測する

売上		味		量		値段		席数	切片
y	a1	x1	a2	x2	a3	x3	a4	x4	b
10	1.866588	3	-0.55869	5	-1.95892	2	1.022692	6	5.234351

　表より、「味は3、量は5、値段は2、席数は6」であるとすると、売上は10段階評価の「10」になりました。（小数第3位まででは、10.259）

　ここで、機械学習・AIの指す「データ」とは、上の表の「**枠線部分の数値**」を指しています。
　つまり、「$y = aX + b$」の「y」と「X」がそれにあたります。

　そして、「y」の売上を「目的変数」（変量）と呼び、「X」はその売上を説明するための「説明変数」（変量）と呼びます。

　機械学習・AIでは、「説明変数」（変量）を「**属性**」（attribute）、「目的変数」（変量）を「**class**」（**教師データ**）と呼んで、さまざまな予測評価や分類を行ないます。

●データはどれだ？

　何が「データ」にあたるのか、ここで一度整理しましょう。

　先ほどの回帰方程式を再掲します。

$$y = a_1 x_1 + a_2 x_2 + a_3 x_3 + a_4 x_4 + b$$

　これを一般式として書くと、次のようになります。

$$y = aX + b$$

　ここで、「小文字のy, a, bはベクトル」であり、「大文字のXはマトリクス」とすると、下のような表記法によって「Matrix」(行列)は表現できます。

　この表記の違いはプログラムの設計では重要であり、注意が必要です。

$$\begin{Bmatrix} y_1 \\ y_2 \\ \cdot \\ y_n \end{Bmatrix} = \begin{bmatrix} a_1 \\ a_2 \\ \cdot \\ a_n \end{bmatrix} \begin{bmatrix} x_{11} & x_{12} \cdots & x_{1n} \\ x_{21} & x_{22} \cdots & x_{2n} \\ \cdot & \cdot \cdot \cdot & \cdot \\ x_{n1} & x_{n2} \cdots & x_{nn} \end{bmatrix} + \begin{bmatrix} b_1 \\ b_2 \\ \cdot \\ b_n \end{bmatrix}$$

　つまり、

$$y = aX + b$$

　この「X」が、機械学習・AIにおける「データ」ということになります。

　「y」は「目的変量」(変数)であり、機械学習・AIでは「クラス」(class)と呼ばれる教師データで、「a、b」は「係数・切片」で、回帰方程式ではデータを元に算出されます。

　また、機械学習・AIでは、外部から与えられる値は一般的に「**パラメータ**」(**parameter**)と呼んでいます。

　これで、表の「味」「量」「値段」「席数」「売上」が「データ」であることが分かりました。

　つまり、計算によって得られるものを除き、本書では入力するものを「(機械学習・AI等で計算するための)データ」として扱っています。

■機械学習・AIで解いてみる

今度は、機械学習・AIを使って「飲食店のとんかつ定食ランチ」を解いてみましょう。

	味	量	値段	席数	売上
店舗1	5	3	5	4	6
店舗2	3	5	3	5	8
店舗3	2	4	2	3	4
店舗4	4	2	4	4	9
店舗5	3	4	2	3	7
店舗6	1	4	2	2	4
店舗7	3	3	4	4	5
店舗8	4	4	3	3	9

再掲：図1-2　飲食店の「とんかつ定食ランチ」の8店舗のデータ

計算結果を先に示しておきます。

Excelでの予測値は「10.259（かなり売上が高い）」となりましたが、機械学習・AIの「Weka」を使っての計算結果は、下の表のようになりました。

表1-2　「回帰分析」の計算結果の比較

ツール	手　法	予測値
Excel	Excelの分析ツール 回帰分析	10.259
Weka	MLP（Multilayer Perception：多層型パーセプトロン）	10.926
Weka	SMOReg（SVM：サポートベクターマシン）	9.478

※2023年現在のWeka3.8.6使用（参考文献1）

「MLP」は、「多層型パーセプトロン」と呼ばれるニューラルネットワークで、「SMOReg」は機械学習ではよく知られた「SVM」（サポートベクターマシン）です。

計算に使ったWekaの結果と決定木（Random Tree）の図を掲載しておきます。

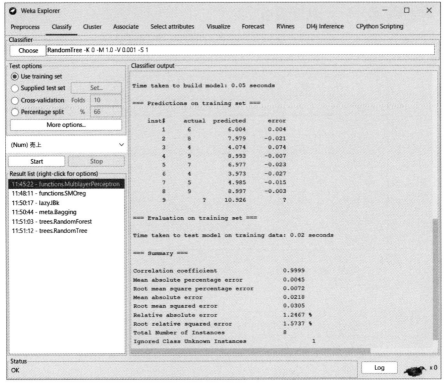

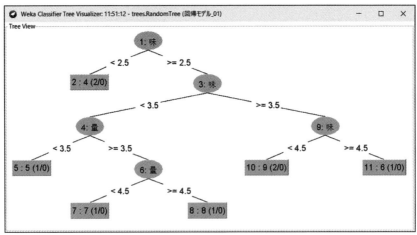

図1-6　Wekaで解いた「回帰分析」の計算結果と決定木(Random Tree)

●機械学習・AIでは、データからどのように予測や分類をするのか？

　飲食店8店舗の「売上実績：y」と「売上予測：ŷ（yハットと呼びます）」の分析ツールの計算結果のデータでは、どのように近似線を求めるのかについて解説しましょう。

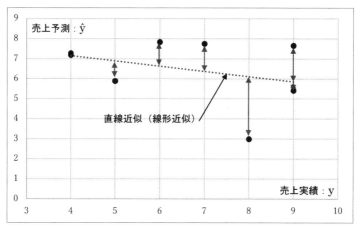

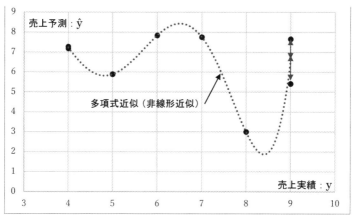

図1-7　飲食店8店舗の売上実績と売上予測の線形近似と非線形近似(Excel分析ツール)

　図1-7の上図は、直線で各データを近似する「**線形近似**」(linear approximation)と呼びます。

　それに対して、下側の図は、Excelでの多項式近似ですが、曲線（非線形）で近似する「**非線形近似**」(non- linear approximation)と呼んでいます。

　各データと近似線との離れ（距離）を最小限にするために「**最小2乗法**」(least squares method) という方法を用います。近似式があれば当然予測が可能となるのです。

　この最小2乗法は「最小自乗法」とも書き、手法の提案者は、アドリアン＝マリ・ルジャンドル（Adrien-Marie Legendre、仏、数学者、1752-1833）が1805年に出版した書籍が最初とも言われていますが、1809年にヨハン・カール・フリードリヒ・ガウス（Johann Carl Friedrich Gauß、独、数学者、1777-1855）が1795年には考案済みであったとの主張があり、最初の考案者は特定されていません。

　一般的に、機械学習・AIでは、データに対して近似線を取る「最小2乗法」や、「Aというデータの集まり」と「Bというデータの集まり」を分類するために、各データの間（余白）を最大化する「マージン最大化」などの手法を用いて、データを区分けして特徴付けを行なう方法が取られています。

　また、この他にも、圧倒的な分離精度をもつ「カーネルトリック」(Kernel trick) と呼ばれる非線形変換という手法がよく用いられ、特にサポートベクターマシンで威力を発揮しました。

　具体的に「リンゴ」の画像をデータ化する流れを示しましょう。
　リンゴの画像にメッシュを掛けて、そのメッシュでのリンゴが占める割合を10段階で書くと右の数値メッシュになります。

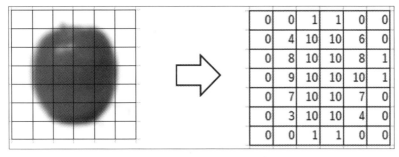

図1-8　リンゴの画像データのデータ化の流れ
（※ ImageJでの画像データの分割は縞状：第2節を参照してください）

これを、いちばん上の横一行「001100」を入力し、続けて次の行の「0 4 10 10 6 0」、その次の行と、最後の行の「001100」まで入れていきます。

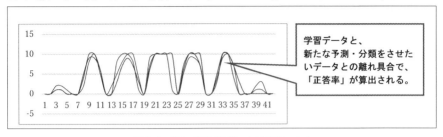

学習データと、新たな予測・分類をさせたいデータとの離れ具合で、「正答率」が算出される。

図1-9　リンゴの画像データの「パターン」

つまり、リンゴの画像は、濃度の度合いなどによって数値化され、リンゴのデータごとにパターン化されて、たとえば、新たな対象が何であるのかを予測・分類する際には、すでにある「学習データ」に最も近いものから、新たなものの「リンゴの正否」を判断します。

1-2　数値データと画像処理のデータ

なんとなく「数値データ」と「画像データ」は別物と捉えるものの、「違いは何か」と聞かれると、はっきりと答えられない人は多いかと思います。

この節では、「数値のデータ」と「画像のデータ」が機械学習・AIで扱われるためのデータの流れを解説し、実は両者が同じ数値化が行なわれていることについて説明していきます。

■画像処理のカラーデータとグレイ値データ

「数値データ」は、前節の「リンゴの画像」を数値化したものが分かりやすいと思いますが、実際に画像データが数値化される過程について、実際に「ImageJ」を使った例題を用いて解説しましょう。

※第2章でも詳説します

「ImageJ」は、アメリカ国立衛生研究所 (NIH：National Institutes of Health) が公開している画像処理ソフトウェアで、世界中の大学・研究機関等で使われており、「tiff、png、gif、jpeg、bmp、avi」などの画像フォーマット

に対応しています。

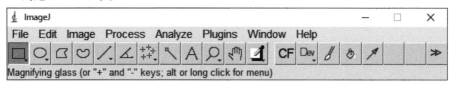

図1-10　ImageJ

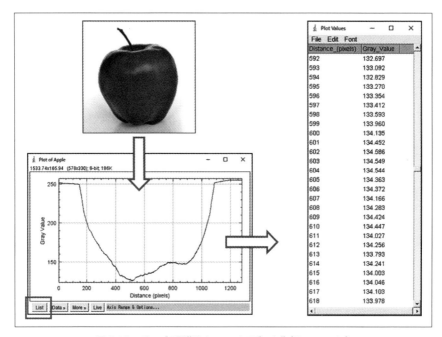

図1-11　リンゴの画像をImageJでデータ化(Gray scale)

先のリンゴの画像は、「ImageJ」によって1279画素に分けられました。

この中にあるデータの数値は、画像の色の濃さの「0+255=256階調」で、「8ビットカラー」(8-bit color：2^8=256)とも呼ばれます。

カラーの場合は、「256×256×256=16,777,216色」でフルカラーになります。

「bit」(ビット)とは、「1か0」あるいは、「ONかOFF」の2段階の状態を指すものです。

　「1bit」は0（黒）と1（白）の2色になり、「2bit」は、00（黒）、01（濃いグレー）、10（薄いグレー）、11（白）の4色で表わします。

　この濃さの度合いを「階調」と呼び、256諧調の場合、白の部分が「255」、黒の部分が「0」となります。

　先の**図1-11**では、画像を縞状にした「白・グレイ・黒の256階調のグレイスケール」で捉えたものです。

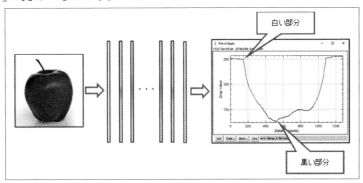

図1-12　ImageJによる画像データの取得方法

　データのメッシュ化や縞状の分割方式は使用するソフトによって異なりますが、データの扱いは同じように扱われます。次の項でもう少し解説します。

●ImageJ

　ImageJは、2022年時点では、「ImageJ」とその上位版の「ImageFiji」がありましたが、2023年では「IamgeJ」に一時的に統合され、また個別にダウンロードができます。

　このImageJはフリーソフトウェアで次のサイトから簡単にダウンロードができます。

https://imagej.nih.gov/ij/index.html

　このImageJは広告等のDMや利用料は取られませんので安心して使えるものです。機械学習・AIだけでなく、さまざまな画像処理ができますので、応用の幅はかなり広いと言えます。

■ **画像処理データがAIに入っていく流れ（画像データは数値化される）**

　画像処理のためのデータは、現在では「CNN」（Convolutional Neural Network：畳み込みニューラルネットワーク）が汎用的に使われています。そのデータの取得方法を下の図に示しておきます。その下にニューラルネットワークに入るデータの流れも掲載しました。

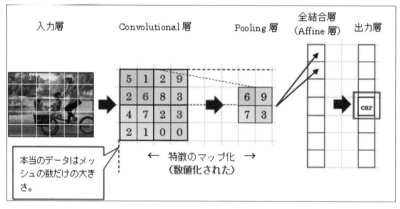

図1-13　画像処理でもっとも利用されているCNNのデータの取得方法の概略

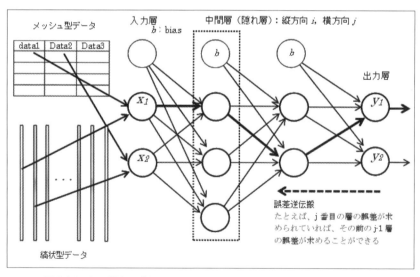

図1-14　AIの基本モデルのニューラルネットワークに入っていくデータの流れ

■ データをパターン化するのが機械学習・AI

第1節の末尾でも説明しましたが、一般的な数値データ（文字データも含めて）や画像データは、きちんと数値化されているのが理解できたのではないかと思います。

具体的に、「ImageJ」を使ったリンゴ画像のデータを並べてみました。

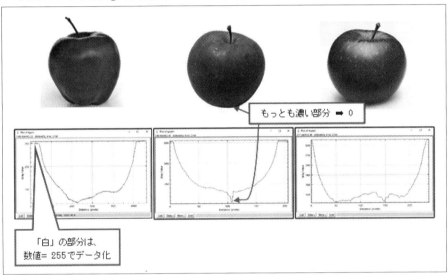

図1-15　リンゴの画像データのパターン

画像写真では、どれも同じリンゴですが、見た目は違っているのが分かります。

これを、「ImageJ」によってデータ化して見ます。

データは、任意の写真を「.jpg」または「.png」で画像データとしてデスクトップなどに保存します。

保存したデータはImageJを立ち上げ、「FileのOpen」で開きます。開いた画像写真をマウスの左ボタンを押しながら囲むと黄色い選択枠線がでますので、ここでマウスを放します。

選ばれた状態で、「AnalyzeのPlot Profile」をクリックすると、画像写真の

画素分布のグラフが描画されます。

　縦軸が「Gray Value」(グレイ値)で横軸が縞状に分割された「pixels値 (Distance pixels)」になります。

　また、このグレイ値は「Gray scale」とも呼ばれ、基本的な考え方は、「0」(光のない状態の黒)から「1」(すべて光が出ている状態の白)までを取ります。

　「ImageJ」では「8ビット：2^8=256 ➡ 0＋255 = 256階調」で捉えていますが、「255 ➡ 白」「0 ➡ 黒」になっています(**図1-15**)。

　リンゴの画像写真の下に付けたグラフが画素分布の状態です。それぞれの分布状態を見ると、この後、機械学習・AIでデータ化されるときに、「データはパターン化」されて学習されていくということが分かります。ある教師データとして学習させたものと、予測評価を行なうテストデータは、この教師データとしたものとの「離れ具合」で「正答率」を算出していきます。

　つまり、「画像データ」も「数値データ」も実はまったく同じに扱われるのです。

1-3　画像処理で初期に学ぶデータセット

　画像処理を学ぶ人は、「MNIST」と「Fashion-MNIST」を目にすることが多いのではないかと思います。

　「MNIST」は、「NIST」(アメリカ国立標準研究所)が構築した手書き文字のデータベースで「Modified National Institute of Standards and Technology database」の略です。

　Yann LeCunらによって「THE MNIST DATABASE of handwritten digits」に公開されたものが機械学習の学習や評価用のデータベースとして広まりました。さまざまなアルゴリズムの性能評価に今も使われています。

　また、この手書き文字のMNISTを参考にファッション商品(オンラインショップのZalando商品)の画像写真を参考にして作られたデータベースとして作られたのが「Fashion-MNIST」で、これも広くアルゴリズムの性能評価に使われています。

■ 手書き文字のデータセット「MNIST」

「MNIST」は、学習データとして6万枚、テストデータとして1万枚の合計7万枚の画像データで、それぞれ「28×28=784個のピクセル値＋正解ラベル1個の合計785個」のデータがそろっています。

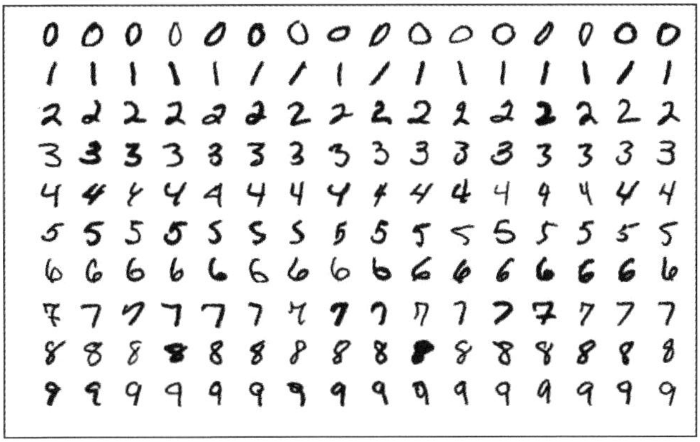

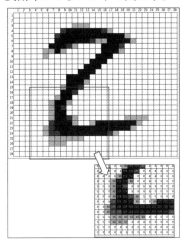

図1-16　手書き文字のデータセットのMNISTの一部
（出典：Wikipedia_MNISTデータベース）

具体的に、「MNIST」のデータがどのように数値データ化されていくのかを見ていきましょう。

図の枠線部分の一部を抽出したものが下の図です。

図1-17　手書き文字のデータセットのMNISTから「2」の部分を抽出

図1-17の下にある数値は、グレイスケールの濃さの度合いを256諧調で数値化したものです。

機械学習・AIでの画像処理を行なう場合、データは、左上のメッシュの部分の数値をヨコに読み、右端に行ったら下の段へ移りデータを読んでいきます。

000・・・0 60 225 225 155 000・・・000・・・

●実際にWekaで試してみる

「MNIST」の画像データを、「ImageJ」を使って、Wekaの「functions_SMOReg」(SVM：サポートベクターマシン)で解いてみましょう。

> **手 順**　「MNIST」の画像データを解く

[1]画像データの準備

「ImageJ」から、「File ➡ Open」で「MNIST」の画像データを用意します。

[2]数値データの出力

学習データとして「0と2をそれぞれ5個」任意で選んで、「Analyze ➡ Plot Profile」でグレイスケールのグラフを描画し、左下の「List」ボタンで数値データを出します。

このデータをExcelに張り付け、各読み取りデータの末尾を揃えます。

図の上側の「0」を予測してみましょう。作ったデータは(*.csv)形式で保存します。

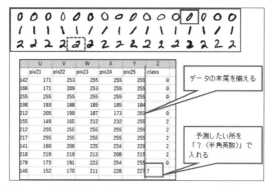

図1-18　手書き文字のデータセットのMNISTから「0」を予測

[3] データを読み込む

準備ができたら、Wekaを立ち上げ、csv形式のデータを読み込みます。

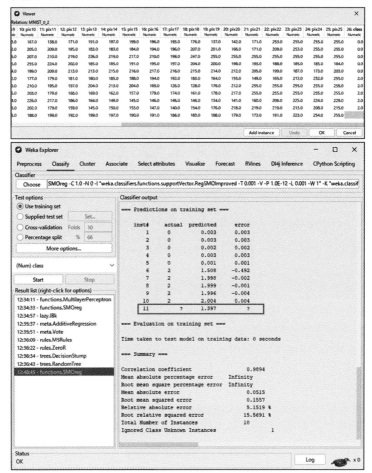

図1-19　WekaのPreprocessタブの「Edit」とClassifyの「functions_SMOReg」

計算結果は、「predicted（予測）➡ 1.397」でした。

手書き文字のデータは「0と2」の2種類ですが、予測をさせた「0（**図1-20**の上段）」と「紛らわしい2（**図1-20**の下段）」があるために、predictedが1.5以上なら「2」、predictedが1.5未満なら「0」という分類の境界があるようです。

結果としては、「0」と予測されましたが、他のMLP、k-NN（Weka では IBk）などのアルゴリズムでは、「2」に近いと判定されています。

今回は、分類境界が紛らわしい際に威力を発揮するサポートベクターマシン（SVM：Weka では SMOReg）を使って、かなり小さいデータ数での判別の予測を行ないました。

図1-20　手書き文字のデータで予測対象の「0」と類似データの「2」

紛らわしい学習データがある場合には、データ数を増やしていくと正答率は安定化していきます。

■ ファッションのデータセットFashion-MNIST

どのように画像データが機械学習・AIに入っていくのかを概観するために、「Fashion-MNIST」のデータセットを使います。

「ANACONDA Jupyter Notebook」をPythonで動かしたものを掲載します。

「Fashion-MNIST」は、データセットとしてとてもよく知られ、機械学習・AIの学習を行うために多くのPythonのソースコードがWeb上に公開されていますので、ここでは、Pythonのソースコードの学習のための解説ではなく、「画像データがどのような流れでデータ化されていくのか」に焦点を当てて流れを見て下さい。

自分でPythonを動かしてみたいという方は下のサイトがかなり丁寧に解説していますので、参考にして下さい。

https://www.tensorflow.org/tutorials/keras/classification

```
In [1]:  ### Fashion-MNIST with ANACONDA Jupyter Notebook
         ### https://www.tensorflow.org/tutorials/keras/classification
         ### Neural Network

         ## (1) Tensorflowのモデルを作る
         # import TensorFlow and tf.keras
         import tensorflow as tf

         # Helper libraries
         import numpy as np
         import matplotlib.pyplot as plt

         print(tf.__version__)

         2.1.0

In [2]:  ## (2) Fashion-MNISTのデータセットの読み込み
         fashion_mnist = tf.keras.datasets.fashion_mnist

         (train_images, train_labels), (test_images, test_labels) = fashion_mnist.load_da

In [3]:  ## (3) 読み込んだデータセットに数語データのクラスがないのでクラスを与える
         class_names = ['T-shirt/top', 'Trouser', 'Pullover', 'Dress', 'Coat',
                        'Sandal', 'Shirt', 'Sneaker', 'Bag', 'Ankle boot']

In [4]:  ## (4) 学習用データの画像数と画素数を確認
         train_images.shape

Out[4]:  (60000, 28, 28)
```

図1-21　Fashion-MNISTをPythonで解く流れ 1

ニューラルネットワークによって「Fashion-MNIST」を解いて行きます。

```
In [5]:  ## (5) 学習用データセットのラベルを確認
         len(train_labels)

Out[5]:  60000

In [6]:  ## (6) そのラベルはどのように定義されているのかを確認
         train_labels

Out[6]:  array([9, 0, 0, ..., 3, 0, 5], dtype=uint8)

In [7]:  ## (7) テスト用データの画像数と画素数を確認
         test_images.shape

Out[7]:  (10000, 28, 28)

In [8]:  ## (8) テスト用データセットのラベルを確認
         len(test_labels)

Out[8]:  10000
```

図1-22　Fashion-MNISTをPythonで解く流れ 2

```
In [9]:  ## (9) データセットを確認してみる
         plt.figure()
         plt.imshow(train_images[1])
         plt.colorbar()
         plt.grid(False)
         plt.show()
```

> カラースケールを
> グレイスケールにして
> 全体の画素数を低減。

```
In [10]:  ## (10) 0から1の間の数値に無次元化してスケールを調整__濃度の255階調で割る
          train_images = train_images / 255.0

          test_images = test_images / 255.0
```

```
In [11]:  ## (11) 学習用データを訓練する前に画像をクラス付きで確認
          plt.figure(figsize=(10,10))
          for i in range(25):
              plt.subplot(5,5,i+1)
              plt.xticks([])
              plt.yticks([])
              plt.grid(False)
              plt.imshow(train_images[i], cmap=plt.cm.binary)
              plt.xlabel(class_names[train_labels[i]])
          plt.show()
```

```
In [12]:   ## (12) Neural Networkの層の設定
           model = tf.keras.Sequential([
               tf.keras.layers.Flatten(input_shape=(28, 28)),
               tf.keras.layers.Dense(128, activation='relu'),
               tf.keras.layers.Dense(10)
           ])

In [13]:   ## (13) モデルについてコンパイルを行う__損失関数・オプティマイザ・正答率
           model.compile(optimizer='adam',
                         loss=tf.keras.losses.SparseCategoricalCrossentropy(from_logits=Tr
                         metrics=['accuracy'])

In [14]:   ## (14) モデルの訓練を行う
           model.fit(train_images, train_labels, epochs=10)

           Train on 60000 samples
           Epoch 1/10
           60000/60000 [==============================] - 4s 73us/sample - loss: 0.5035 -
           accuracy: 0.8235
           Epoch 2/10
           60000/60000 [==============================] - 4s 67us/sample - loss: 0.3785 -
           accuracy: 0.8639
           Epoch 3/10
           60000/60000 [==============================] - 4s 64us/sample - loss: 0.3414 -
           accuracy: 0.8748
           Epoch 4/10
```

```
           Epoch 10/10
           60000/60000 [==============================] - 4s 72us/sample - loss: 0.2403 -
           accuracy: 0.9112
Out[14]:   <tensorflow.python.keras.callbacks.History at 0x2c4baea3688>

In [15]:   ## (15) 正答率の計算
           test_loss, test_acc = model.evaluate(test_images, test_labels, verbose=2)

           print('\nTest accuracy:', test_acc)

           10000/10000 - 0s - loss: 0.3333 - accuracy: 0.8840

           Test accuracy: 0.884

In [16]:   ## (16) 予測評価
           probability_model = tf.keras.Sequential([model,
                                                     tf.keras.layers.Softmax()])

In [17]:   ## (17) 予測
           predictions = probability_model.predict(test_images)

           predictions[0]

Out[17]:   array([5.5190644e-06, 1.5443808e-08, 5.1433403e-07, 6.7595356e-09,
                  5.9563106e-09, 4.4562663e-03, 1.0508777e-06, 1.9803796e-02,
                  6.3520622e-07, 9.7573221e-01], dtype=float32)
```

図1-23　Fashion-MNISTをPythonで解く流れ3

前頁では、カラースケールをグレイスケールにしていました。

この処理がとても重要で、計算の容量を低減化しているのです。

```
In [24]: ## (18) 予測したものを図示化
         def plot_image(i, predictions_array, true_label, img):
           true_label, img = true_label[i], img[i]
           plt.grid(False)
           plt.xticks([])
           plt.yticks([])

           plt.imshow(img, cmap=plt.cm.binary)

           predicted_label = np.argmax(predictions_array)
           if predicted_label == true_label:
             color = 'blue'
           else:
             color = 'red'

           plt.xlabel("{} {:2.0f}% ({})".format(class_names[predicted_label],
                                     100*np.max(predictions_array),
                                     class_names[true_label]),
                                     color=color)

         def plot_value_array(i, predictions_array, true_label):
           true_label = true_label[i]
           plt.grid(False)
           plt.xticks(range(10))
           plt.yticks([])
           thisplot = plt.bar(range(10), predictions_array, color="#777777")
           plt.ylim([0, 1])
           predicted_label = np.argmax(predictions_array)

           thisplot[predicted_label].set_color('red')
           thisplot[true_label].set_color('blue')
```

```
In [26]: ## (20) 予測の図示化
         # Plot the first X test images, their predicted labels, and the true labels.
         # Color correct predictions in blue and incorrect predictions in red.
         num_rows = 7
         num_cols = 3
         num_images = num_rows*num_cols
         plt.figure(figsize=(2*2*num_cols, 2*num_rows))
         for i in range(num_images):
           plt.subplot(num_rows, 2*num_cols, 2*i+1)
           plot_image(i, predictions[i], test_labels, test_images)
           plt.subplot(num_rows, 2*num_cols, 2*i+2)
           plot_value_array(i, predictions[i], test_labels)
         plt.tight_layout()
         plt.show()
```

図1-24　Fashion-MNISTをPythonで解く流れ4

プログラム（ソースコード）は多くの書籍やGitHubなどのWeb上で公開されています。

この節では、画像データが、「カラー ➡ グレイスケール化」という過程を経ることで、計算の容量を低減し、計算時間の短縮もしています。

ただし、Fashion-MNISTの画素は、「28×28=784画素（pixels）」です。

　6万枚＋1万枚という7万の画像データなので、どうしても画像1枚の画素は荒くせざるを得ません。

　それでも、予測を行なうと、正答率も「0.884」と、まずまずの正答ではないでしょうか。

　下の図の画像写真の右側は、教師データ (0〜9) のクラスのどれに該当し、正答率を縦棒グラフによって表示させています。縦棒が2つあるのは、別の商品の認識も示しているその度合いを示しています。

図1-25　Fashion-MNISTをPythonで解く流れ5

　この節で解説した「手書き文字のMNIST」、「ファッション商品のFashion-MNIST」は、あらかじめ用意されたサンプルにテストデータを用意して、それが何であるのかを予測評価させる機械学習・AIの学習用のデータセットと言えます。

　実際に応用していく場合は、これらの練習を行なうことで、全体の流れを掴んでいくことで上達していきます。
　この節では、あくまでも「画像データの流れを概観」するということで充分です。

[参考文献]

1：和田尚之, 機械学習コレクションWeka入門、工学社、2019.8.30

第 **2** 章

不連続面の境界検出

> 物体検出において、もっとも初歩的な実践的学習は、「不連続面の境界検出」です。
>
> 対象とする画像処理では、その「面」から、広義では「エッジ検出」として特徴の検出や抽出を行なう手法が知られています。
>
> 本章では、「ImageJを使った境界検出」、「Pythonを使ったエッジ検出」、そして、「Wordを使った輪郭検出」について解説します。

2-1　　ImageJを使った境界検出

「ImageJ」は、医療・製薬・生物・科学の分野だけでなく、建設（土木・建築・都市）などの分野でも重宝されています。

ここでは、現在土木のインフラ分野で応用が進んでいる「ひび割れ」を例に、「ImageJ」を使った不連続面の境界検出の仕方を説明していきます。

■コンクリートのひび割れ検出

次の写真は、コンクリートのひび割れについてのサンプル画像です。

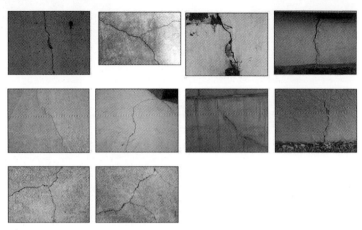

図2-1　不連続面の境界検出用の「コンクリートのひび割れ」のサンプルデータ

　サンプルデータでは、どれも「ひび割れ」が確認できますが、ひび割れの「大きさ」は漠然としています。

　これを、ImageJを使って「**特徴抽出**」してみましょう。

手　順　ImageJによる特徴抽出

[1] 境界を検出する

　ImageJの「File ➡ Open」で、対象画像を開きます。

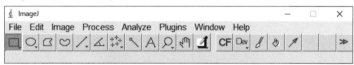

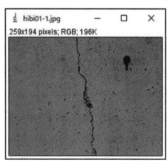

図2-2　ImageJで境界検出

[2] 色の設定

　次に、画像はそのままの状態で、「Image ➡ Type」から「8 bit color」を
クリックし、下の画面が出たら「256」の数値を確認して、「OK」ボタンを
押します。

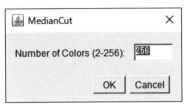

図2-3　ImageJの8 bit colorの画面

[3] 閾値の設定

　その画像のままで、「Image ➡ Type」と進み、「8 bit」をクリックしてから、
「Image ➡ Adjust ➡ Threshold（閾値）」をクリックします。

　この画面のスライダー部分を左右に動かすことで次のようになります。

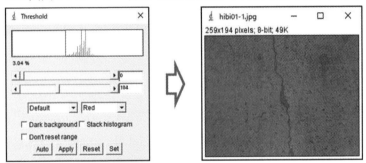

図2-4　Thrshold（閾値）調整の画面

　サンプル画像から「コンクリートの不連続面の境界検出」したものを下に
示します。

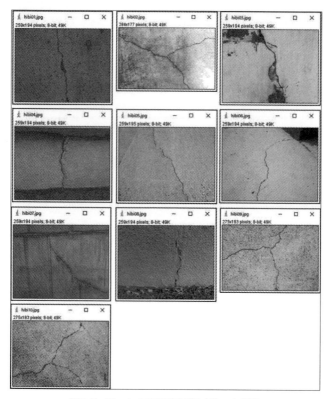

図2-5　Thrshold（閾値）調整を行なった画像

　画像処理が終わったら、実際に機械学習・AIを使って動かしてみましょう。

　詳しくは**第3章**で、具体的に「ImageJのグレイスケール」を使ったデータの数値化と機械学習・AIでの処理をするので、その章で解説します。

■スケールバーを入れる

スケールバーの入れ方は、ImageJの直線を先に引きます。

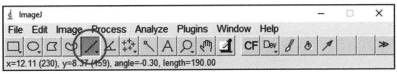

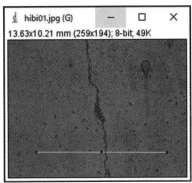

図2-6　スケールバーの設定

「Analyze ➡ Set Scale」と進み、次の画面が出たら、「Known Distance ➡ 10」「Unit of length ➡ mm」にします。

そして、「□ Global」にチェックを入れ、「OK」ボタンを押します。

次に、ふたたび、「Analyze ➡ Tools ➡ Scale Bar」をクリックすると上の右画面がでます。画像にスケールバーが入ったことを確認し、「OK」ボタンを押します。

きちんと、「単位 ➡ mm」で画像にスケールバーが入りました。

また、スケールバーを変えるには、「Scale Bar」で変えていきます。

ただし、このスケールバーは対象画像に対して任意設定ですので、実際に対象にスケールをあててそれを目安にする必要があります。

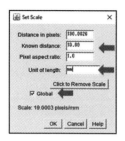
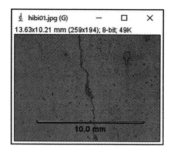
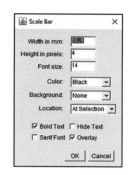

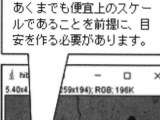

あくまでも便宜上のスケールであることを前提に、目安を作る必要があります。

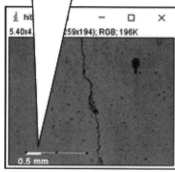
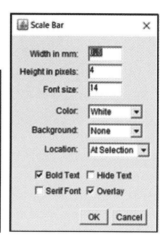

図2-7　スケールバーの設定続き(スケールバーの色は右画面のColorで選択

2-2　　　　Pythonを使ったエッジ検出

「境界の検出」は、さまざまな検証を行なう上で重要な手法になっています。

特に、対象画像の面の違いを区分けするのが境界線ですが、その両側の面と境界が微細であると、うまく抽出することができません。

前節ではImageJを使った境界検出を行ないましたが、境界検出は「エッジ検出」とも呼ばれています。

> ※本書では、Python を使って境界検出する場合に「エッジ検出」として扱っています。

この節では、画像処理には欠かせないオープンソースのライブラリ「OpenCV：Open Source Computer Vision Library」と、エッジ検出で重要な「Canny関数」を解説します。

Canny関数は、画面上の「ノイズの平坦化（平滑化）」するために、「Gaussian filter」を使う方法が「Canny法（Canny関数法）」と呼ばれる手法です。

この手法は、ジョン・F・キャニー（John F. Canny、米、計算機科学者、1958-）が1986年に「A Computational Approach to Edge Detection（IEEE Transactions on Pattern Analysis and Machine Intelligence, vol. 8, 1986, pp. 679–698.）」として発表したものです。

■ Python Command Promptを使ったエッジ検出

Pythonは「対話型のインタプリタ（interpreter：逐次解釈して実行するプログラム）」として、機械学習・AIのツールでは欠かせない存在になっています。

基本的な練習には、「Python Command Prompt」がよく出てくるので、この方法を用いたエッジ検出をしてみましょう。

https://www.python.org/

インストールができたら、「コマンド プロンプト」を立ち上げて見ます。

ここで、「プロンプト」（Prompt）というのは、コードを入力するときの「>>>」

記号のことです。

図2-8 Python Command Prompt-1

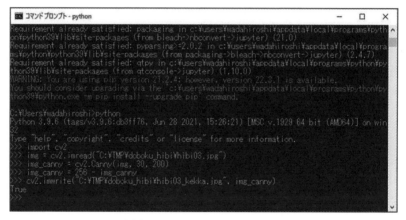

図2-9 Python Command Prompt-2

　メモ帳で作ったPythonのプログラミング（ソースコードと呼びます）を示しておきましょう。

　データはあらかじめ、Cドライブの中に任意のフォルダを作り、その中に入れておき、計算結果は「ファイル名_kekka.jpg」として同じフォルダへ出力します。

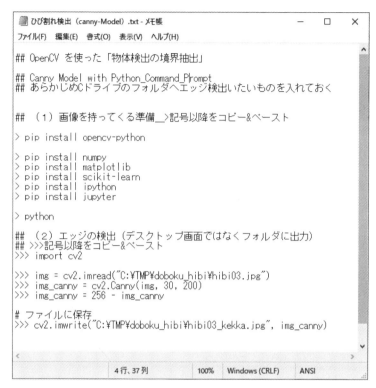

図2-10　Python Command Promptを使ったエッジ検出（Canny関数）

結果を見ると、かなりきれいに「エッジ」（境界）が抽出されているのが分かります。

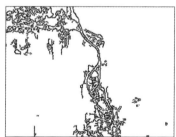

図2-11　Python Command Promptを使ったエッジ検出（Canny関数）の結果

■ Anaconda Jupyter Notebookを使ったエッジ検出

Pythonを使う方法は、「Python Command Prompt」の他に、「Anaconda Jupyter Notebook」、「Google Colaboratory」、「Pandas」などがあります。

ここでは、「Anaconda Jupyter Notebook」を使ってエッジ検出を行ないます。

Anaconda Jupyter Notebookは、「Anaconda)」、「Jupyter」などからインストールができ、**第3章**以降では、主に「Google Colaboratory」を使います。

・Windows版Anaconda
https://www.python.jp/install/anaconda/windows/install.html

・Jupyter
https://jupyter.org/

ソースコードを次に示しておきます。

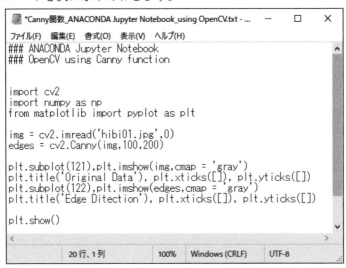

```
### ANACONDA Jupyter Notebook
### OpenCV using Canny function


import cv2
import numpy as np
from matplotlib import pyplot as plt

img = cv2.imread('hibi01.jpg',0)
edges = cv2.Canny(img,100,200)

plt.subplot(121),plt.imshow(img,cmap = 'gray')
plt.title('Original Data'), plt.xticks([]), plt.yticks([])
plt.subplot(122),plt.imshow(edges,cmap = 'gray')
plt.title('Edge Ditection'), plt.xticks([]), plt.yticks([])

plt.show()
```

図2-12　Anaconda Jupyter Notebookを使ったエッジ検出のソースコード

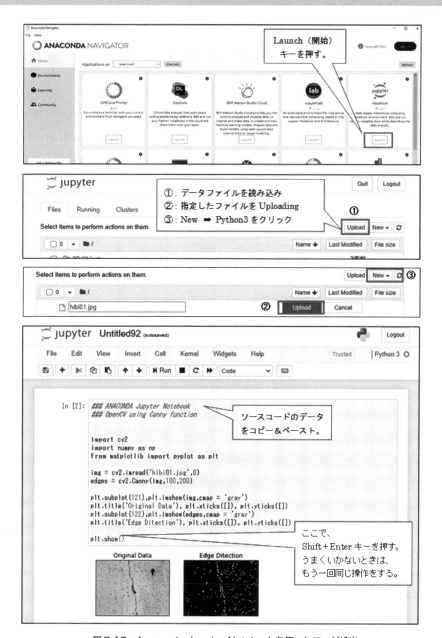

図2-13　Anaconda Jupyter Notebookを使ったエッジ検出

2-3　Wordを使った輪郭検出

「物体検出」は、画像処理の技法の1つですが、ImageJを使った「境界検出」や、Pythonによる「エッジ検出」などがあります。

それ以外に、Wordの機能を使った「輪郭検出」というのもあります。
意外と知られていないのですが、実際の実務への応用が簡単なので、この節では、Wordによる輪郭検出について解説を行ないます。

■ 一般の輪郭検出

一般的な「輪郭検出」のイメージを先に見てみましょう。

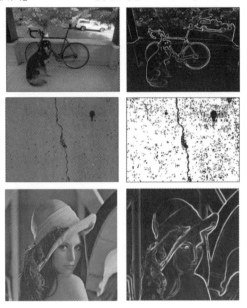

図2-14　Wordを使った輪郭検出（左➡右）

図を見る限り、実務への応用がけっこうできそうなのが分かります。

最初に画像を「*.jpg」形式で貼り付けます。
画像を選択した状態で、「図の形式タブ」、そして「調整リボン ➡ アート効果 ➡ 光彩・輪郭」を選択すれば簡単にできます。

　元の画像を残して左右に表示する際には、画像をコピーしてその画像について画像変換を行ないます。

　下は、「調整リボン ➡ アート効果 ➡ カットアウト」を使った面の検出をしたものです。

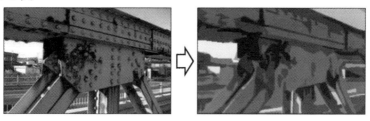

図2-15　橋梁の腐食度を輪郭検出する

■ 赤外線画像の輪郭検出

　赤外線画像は、土木分野の「土砂崩壊などの予測評価」や「太陽光発電パネルの不具合検出」や「害獣探査」「行方不明者探査」など、さまざまなシーンで使われますが、その赤外線画像もWordを使って画像変換することで、「みずみちの探査」などへの応用ができます。

　この画像を、時系列ごとに一定間隔で撮影することで、機械学習・AIへデータ化して「水の浸透速度」や「土砂崩壊の危険度の予測」に使うことができます。

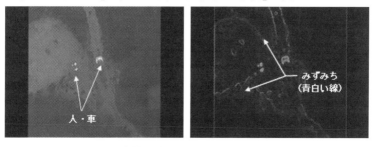

図2-16　赤外線写真画像をWordを使って輪郭検出

　このように、画像データは、「ImageJ」、「Python」、「Word」などを駆使することで、機械学習・AIでの解析へ応用していくことができるのです。

2-4 Pythonで決定木の数値データを可視化する

　画像処理では、画像写真データが多いですが、数値データを「可視化」することも、画像処理の解析を行なう上で必要となる場合があります。

　ここでは、コンビニの例題を使って、数値データを可視化する方法を3つ、「Anaconda Jupyter NotebookによるPythonを使った決定木」「Wekaを使った決定木」、そして意外と隠れている要素を抽出する方法として「WekaのForecast」を紹介します。

```
### Python Decision Tree with ANACONDA Jupyter Notebook

## (1) import csv data
import csv
with open('tenpo01.csv','r')as file:
    reader=csv.reader(file)
    for row in reader:
        print(row)

## (2) import of Library
import numpy as np
import pandas as pd

from sklearn.model_selection import train_test_split
from sklearn.model_selection import cross_val_score
from sklearn import tree
import matplotlib.pyplot as plt
import numpy as np

# import data
df = pd.read_csv("tenpo01.csv")

# class
y_name = "uriage-man"

# data_frame
X_name = ["bentou-rui","rejimae","sweets-rui","coffee-rui","sonota"]

# training data
X_train = df[X_name]
y_train = df[y_name]

## (3) Decision_tree
from sklearn import tree
clf = tree.DecisionTreeClassifier(max_depth=3) # depth level
clf = clf.fit(X_train, y_train)

## (4) prediction
predicted = clf.predict(X_train)
predicted
sum(predicted == y_train) / len( y_train) # Discrimination efficiency
```

> numpy：(ナムピー or ナムパイ)
>   Numerical pythonの略で数値計算ライブラリ。
>   Pandas：pan(el)・da(ta)・sの略で、データをフレーム構造として扱えるなど計算上の利点が多い。

> sklearn：scikit-learn (サイキットラーン)
>   pythonのオープンソースライブラリで
>   SVM、ランダムフォレスト、k-NNやクラスタリングのアルゴリズムを持っている。

```
## (5) install graphviz
!pip install graphviz
```

Graphviz：Graph Visualization Software
米国 AT&T 研究所が開発したグラフ構造
を描画するライブラリ。

```
## (6) install pydotplus
!pip install pydotplus
import pydotplus
from sklearn.externals.six import StringIO
dot_data = StringIO()
tree.export_graphviz(clf, out_file=dot_data)
graph = pydotplus.graph_from_dot_data(dot_data.getvalue())
```

PyDotPlus：Python と dot 言
語（グラフをデータ構造とし
て表現する言語）で Graphviz
を結ぶライブラリ。

```
## (7) model of tree
df_X=df[["bentou-rui","rejimae","sweets-rui","coffee-rui","sonota"]]
df_y=df["uriage-man"]

df_X = pd.get_dummies(df_X, drop_first=True)

from sklearn.model_selection import train_test_split
train_X, test_X, train_y, test_y = train_test_split(df_X,df_y,random_state=1)

from sklearn import tree
model = tree.DecisionTreeClassifier(max_depth=2, random_state=1)
model.fit(train_X, train_y)


## (8) predict_X
model.predict(test_X)


## (9) score
model.score(test_X,test_y)


## (10) tree plot
fig_dt = plt.figure(figsize=(16,8))
ax_dt = fig_dt.add_subplot(111)

tree.plot_tree(clf, fontsize=16, ax = ax_dt, class_names=True, filled=True)
```

| 88 行, 1 列 | 100% | Windows (CRLF) | UTF-8 |

図2-17　ANACONDA Jupyter NotebookのPythonによる決定木のソースコード

```
In [1]:  ### Python Decision Tree with ANACONDA Jupyter Notebook

         ## (1) import csv data
         import csv
         with open('tenpo01.csv','r')as file:
             reader=csv.reader(file)
             for row in reader:
                 print(row)
```

ここで「Shift＋Enter キー」を押します。
以下、同じように「Shift＋Enter キー」。

```
['bentou-rui', 'rejimae', 'sweets-rui', 'coffee-rui', 'sonota', 'uriage-man']
['8', '8', '9', '8', '8', '55']
['9', '7', '8', '9', '8', '57']
['7', '6', '7', '6', '6', '43']
['8', '7', '8', '7', '6', '47']
['4', '6', '5', '6', '4', '36']
['4', '5', '6', '5', '5', '37']
```

図2-18　ANACONDA Jupyter NotebookのPythonによる決定木 1

```
['bentou-rui', 'rejimae', 'sweets-rui', 'coffee-rui', 'sonota', 'uriage-man']
['8', '8', '9', '8', '8', '55']
['9', '7', '8', '9', '8', '57']
['7', '6', '7', '6', '6', '43']
['8', '7', '8', '7', '6', '47']
['4', '6', '5', '6', '4', '36']
['4', '5', '6', '5', '5', '37']
['6', '6', '7', '6', '4', '39']
['5', '6', '7', '6', '5', '40']
['5', '6', '7', '6', '5', '40']
['5', '6', '7', '6', '5', '40']
['6', '6', '7', '7', '5', '42']
['6', '7', '8', '8', '7', '46']
['8', '7', '7', '8', '8', '48']
['9', '7', '8', '7', '8', '52']
['3', '4', '4', '4', '5', '30']
['3', '8', '4', '4', '4', '33']
['3', '5', '6', '4', '3', '34']
['3', '4', '6', '4', '4', '34']
['10', '9', '10', '9', '7', '60']
```

図2-19 ANACONDA Jupyter Notebook のPythonによる決定木 2

```
In [3]:  ## (2) import of Library
         import numpy as np
         import pandas as pd

         from sklearn.model_selection import train_test_split
         from sklearn.model_selection import cross_val_score
         from sklearn import tree
         import matplotlib.pyplot as plt
         import numpy as np

         # import data
         df = pd.read_csv("tenpo01.csv")

         # class
         y_name = "uriage-man"

         # data_frame
         X_name = ["bentou-rui","rejimae","sweets-rui","coffee-rui","sonota"]

         # training data
         X_train = df[X_name]       ここで「Shift＋Enter キー」
         y_train = df[y_name]       を押します。

In [4]:  ## (3) Decision_tree
         from sklearn import tree
         clf = tree.DecisionTreeClassifier(max_depth=3) # depth level
         clf = clf.fit(X_train, y_train)
                                   ここで「Shift＋Enter キー」を押します。
```

図2-20 ANACONDA Jupyter Notebook のPythonによる決定木 3

Pythonでは、フレームごとに「Shift＋Enter」を押すとエラーを早期に発見できます。

```
In [5]:  ## (4) prediction
         predicted = clf.predict(X_train)
         predicted
         sum(predicted ==  y_train) / len( y_train) # Discrimination efficiency
```

ここで「Shift＋Enter キー」

```
Out[5]:  0.5263157894736842
```

```
In [6]:  ## (5) install graphviz
         !pip install graphviz
```

ここで「Shift＋Enter キー」

```
Requirement already satisfied: graphviz in c:¥users¥wadahiroshi¥anaconda3¥lib¥site-pack
ages (0.20.1)
```

```
In [7]:  ## (6) install pydotplus
         !pip install pydotplus
         import pydotplus
         from sklearn.externals.six import StringIO
         dot_data = StringIO()
         tree.export_graphviz(clf, out_file=dot_data)
         graph = pydotplus.graph_from_dot_data(dot_data.getvalue())
```

ここで「Shift＋Enter キー」

```
Requirement already satisfied: pydotplus in c:¥users¥wadahiroshi¥anaconda3¥lib¥site-pac
kages (2.0.2)
Requirement already satisfied: pyparsing>=2.0.1 in c:¥users¥wadahiroshi¥anaconda3¥lib¥s
ite-packages (from pydotplus) (2.4.2)
```

```
C:¥Users¥wadahiroshi¥Anaconda3¥lib¥site-packages¥sklearn¥externals¥six.py:31: Deprecati
onWarning: The module is deprecated in version 0.21 and will be removed in version 0.23
since we've dropped support for Python 2.7. Please rely on the official version of six
(https://pypi.org/project/six/).
  "(https://pypi.org/project/six/).", DeprecationWarning)
```

```
In [8]:  ## (7) model of tree
         df_X=df[["bentou-rui","rejimae","sweets-rui","coffee-rui","sonota"]]
         df_y=df["uriage-man"]

         df_X = pd.get_dummies(df_X, drop_first=True)

         from sklearn.model_selection import train_test_split
         train_X, test_X, train_y, test_y = train_test_split(df_X,df_y,random_state=1)

         from sklearn import tree
         model = tree.DecisionTreeClassifier(max_depth=2, random_state=1)
         model.fit(train_X, train_y)
```

ここで「Shift＋Enter キー」

```
Out[8]:  DecisionTreeClassifier(class_weight=None, criterion='gini', max_depth=2,
                     max_features=None, max_leaf_nodes=None,
                     min_impurity_decrease=0.0, min_impurity_split=None,
                     min_samples_leaf=1, min_samples_split=2,
                     min_weight_fraction_leaf=0.0, presort=False,
                     random_state=1, splitter='best')
```

```
In [9]:  ## (8) predict_X
         model.predict(test_X)
```

ここで「Shift＋Enter キー」

```
Out[9]:  array([46, 30, 46, 46, 46], dtype=int64)
```

第**2**章　不連続面の境界検出

```
In [10]:   ## (9) score
           model.score(test_X,test_y)          ここで「Shift＋Enter キー」

Out[10]:   0.0

In [15]:   ## (10) tree plot
           fig_dt = plt.figure(figsize=(17,10))        ここで「Shift＋Enter キー」
           ax_dt = fig_dt.add_subplot(111)

           tree.plot_tree(clf, fontsize=18, ax = ax_dt, class_names=True, filled=True)
```

```
Out[15]:   [Text(401.33076923076925, 475.65000000000003, 'X[1] <= 5.5¥ngini = 0.925¥nsamples = 19
           ¥nvalue = [1, 1, 2, 1, 1, 1, 3, 1, 1, 1, 1, 1, 1¥n1, 1]¥nclass = y[6]'),
            Text(145.93846153846155, 339.75, 'X[4] <= 4.5¥ngini = 0.625¥nsamples = 4¥nvalue = [1,
           0, 2, 0, 1, 0, 0, 0, 0, 0, 0, 0, 0¥n0, 0]¥nclass = y[2]'),
            Text(72.96923076923078, 203.85000000000002, 'gini = 0.0¥nsamples = 2¥nvalue = [0, 0,
           2, 0, 0, 0, 0, 0, 0, 0, 0, 0, 0¥n0, 0]¥nclass = y[2]'),
            Text(218.90769230769234, 203.85000000000002, 'X[1] <= 4.5¥ngini = 0.5¥nsamples = 2¥nva
           lue = [1, 0, 0, 0, 1, 0, 0, 0, 0, 0, 0, 0, 0¥n0, 0]¥nclass = y[0]'),
            Text(145.93846153846155, 67.94999999999999, 'gini = 0.0¥nsamples = 1¥nvalue = [1, 0,
           0, 0, 0, 0, 0, 0, 0, 0, 0, 0, 0¥n0, 0]¥nclass = y[0]'),
            Text(291.8769230769231, 67.94999999999999, 'gini = 0.0¥nsamples = 1¥nvalue = [0, 0, 0,
           0, 1, 0, 0, 0, 0, 0, 0, 0, 0¥n0, 0]¥nclass = y[4]'),
            Text(656.723076923077, 339.75, 'X[0] <= 5.5¥ngini = 0.907¥nsamples = 15¥nvalue = [0,
           1, 0, 1, 0, 1, 3, 1, 1, 1, 1, 1, 1¥n1, 1]¥nclass = y[6]'),
            Text(510.78461538461545, 203.85000000000002, 'X[4] <= 4.5¥ngini = 0.56¥nsamples = 5¥nv
           alue = [0, 1, 0, 1, 0, 0, 3, 0, 0, 0, 0, 0, 0¥n0, 0]¥nclass = y[6]'),
            Text(437.8153846153847, 67.94999999999999, 'gini = 0.5¥nsamples = 2¥nvalue = [0, 1, 0,
           1, 0, 0, 0, 0, 0, 0, 0, 0, 0¥n0, 0]¥nclass = y[1]'),
            Text(583.7538461538462, 67.94999999999999, 'gini = 0.0¥nsamples = 3¥nvalue = [0, 0, 0,
           0, 0, 0, 3, 0, 0, 0, 0, 0, 0¥n0, 0]¥nclass = y[6]'),
            Text(802.6615384615385, 203.85000000000002, 'X[2] <= 7.5¥ngini = 0.9¥nsamples = 10¥nva
           lue = [0, 0, 0, 0, 0, 1, 0, 1, 1, 1, 1, 1, 1¥n1, 1]¥nclass = y[5]'),
            Text(729.6923076923077, 67.94999999999999, 'gini = 0.75¥nsamples = 4¥nvalue = [0, 0,
           0, 0, 0, 1, 0, 1, 1, 0, 0, 1, 0, 0¥n0, 0]¥nclass = y[5]'),
            Text(875.6307692307694, 67.94999999999999, 'gini = 0.833¥nsamples = 6¥nvalue = [0, 0,
           0, 0, 0, 0, 0, 0, 1, 1, 0, 1, 1¥n1, 1]¥nclass = y[9]')]
```

図2-21　ANACONDA Jupyter Notebook のPythonによる決定木 4

56

決定木の読み方を解説します。

データのX[0]はデータフレームの定義での「bentou-rui」です。同様にX[1]は「rejimae」、X[2]は「sweets-rui」、X[3]は「coffee-rui」、X[4]は「sonota」です。

そして、classは「uriage-man（売上：万／日）」で、データは下の通りです。

```
df_X=df[["bentou-rui","rejimae","sweets-rui","coffee-
rui","sonota"]]
df_y=df["uriage-man"]
```

つまり、「X[1] <= 5.5」は、左の分岐へ、「X[1] > 5.5」は右の分岐へ分かれます。

決定木のツリーの「gini」は「Gini coefficient（ジニ係数）」と呼ばれるもので、「0〜1」の間の数値を取り、「0」は他の変数の影響による差がない状態で「1」は差が強く出ていることを意味します。

「samples」は決定木のノード（葉：node）の数で、「value」はその条件を満たす数を示しています。Dfはデータフレームの略号です。

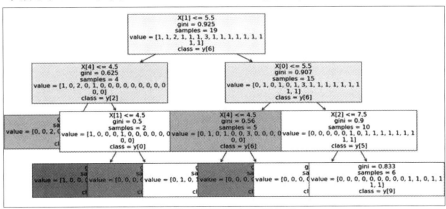

図2-22　ANACONDA Jupyter NotebookのPythonによる決定木5

●Wekaを使った決定木（Random tree）

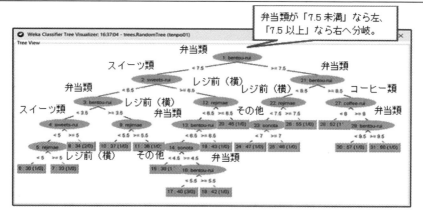

図2-23　Wekaの決定木(Random Tree)は圧倒的に分かりやすい

●WekaのForecast（予測）を使った数値データの可視化

　もう1つ、アルゴリズムによって、数値データの全容を把握し、視覚化によって概観する方法が、「Forecast」（予測）です。

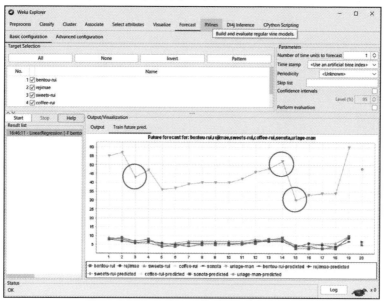

図2-24　WekaのForecast

図2-24の折れ線グラフの変曲点を見ると、「何らかの影響を受けて、売上がアップダウン」していることが容易に見て取れます。

つまり、それに影響を与えているものを抽出できれば、何らかの改善を行なうことができることを示唆しています。

画像処理では、そのデータのほとんどが「画像写真」でるのですが、その写真の中の何かを改善する目的で画像処理をしているので、「画像データ＋それに関係する数値データ」との併用で、よりきめの細かい対処法を見つけることができます。

数値データは、このColumnのように視覚化すると分かりやすくなります。

今回は、不連続面という画像データに、あえて「コンビニの売上を探る決定木」を入れました。
「コンビニ」「不連続面の境界検出」と、異質な例題ですが、この決定木はひび割れや土木構造物、医療用画像などで、「分類して考える」ことを前提にするときには、必要な手法になるため、結果をイメージしやすい「コンビニ」を用いました。

第**3**章

物体検出(Object Detection)

「物体検出」(Object Detection)は、写真や動画などの中に特定の対象の物体を検出する技術を指しています。物体検出は「検出技術」ですが、画像処理は「処理技術」です。

ここでは、「画像処理と物体検出」「具体的な物体検出」の概要を解説し、画像データを扱う上で知っておくべき「CPU」「GPU」「TPU」とはどのようなものかについて触れ、そして実際にPythonを使った物体検出の方法について紹介していきます。

3-1 画像処理と物体検出

画像処理には、境界の強調などの「画像加工」、二値化などの「画像変換」、明るさなどの「画像補正」、対象の特徴を抽出する「画像抽出」、立体化を行なう「画像3D化」、それに特定の対象を把握する「画像認識」があります。

これに対して「物体検出」は、画像の中に特定の属性をもつ物体(人、動植物、車など)がある場合に、その位置と範囲までを推論する方法のことを指しています。

■物体検出

先に、物体検出を行った画像写真を見てみましょう。

図3-1の左が元の画像写真で、右が物体検出を行なった画像写真です。

図3-1　物体検出（左；画像データ、右；物体検出を行った画像）

　右の物体検出では、「train、truck、car、person」というように、四角い枠（バウンディングボックス※）と、その対象の位置がわかるように表示されます。

> ※ Bounding Box；Bounding は境界。ある特徴をもつ物体と他との境界を示すボックス

　物体検出された物体の枠には、左上に、「アノテーション」（注釈）と呼ばれるラベル付きの情報が表示されています。
　対象物体が何であるのかと、その「mAP値※」（0～1）」が付されています。

> ※ mean Average Precisinon：既得データとの再現率との適合率の平均

　これらの精度は、アノテーションと関連付けするためにかなりの多くのデータが必要となります。

　「一般的な物体検出」の手法には、「R-CNN」（Region-Convolutional Neural Networks）の今までの物体検出モデルを「CNN」（畳み込みニューラルネットワーク）に置き換えたものや、それを高速化した「Fast R-CNN」、さらに改良を加えた「Faster R-CNN」や「YOLO」（You Only Look Once）、物体検出の処理時間短縮を行なった「SSD」（Single Shot Detector）などが知られています。

■CPU・GPU・TPU

　機械に学習をさせる「機械学習・AI」は、多くの初学者の方が強いストレスで挫折していくのに、コンピューター上の「環境設定」に加え、「CPUとGPUの違いについての不理解」があります。

　多くの図書やWebでの情報も、初学者にとって丁寧に解説されているものは、かなり少ないように感じます。
　そのため、いくつもの図書を購入し、勇んでトライしてみても、パソコンが思うように動かないという経験がある方は多いのではないでしょうか。

　環境設定については、次で解説するので、まずは「CPUとGPU」について話します。
　図3-2は、パソコンの中に必ず入っている「マイクロチップ」です。

図3-2　マイクロチップ：Intel Core i5-4590 Socket(出典：Wikipedia CPU)

　CPUは、「Central Processing Unit」(**中央処理装置**)と呼ばれる、コンピューターのエンジン部分であり、コンピューターの頭脳とも言えるものです。
　その頭脳は、さまざまな命令系統を行なう「プロセッサ」があり、その部品が「CPU」です。そして、そのプロセッサは写真のような「マイクロチップ」として実装されています。

　これに対して、GPUは、「Graphics Processing Unit」(**画像処理に特化した演算処理装置**)と呼ばれるものです。

　また、コンピューターの性能を表す指標に「コア数」というものがあります。パソコンのコア数は「4コア」(quad-core)、「6コア」(hexa-core)、「8コア」(octa-core)が一般的です。

　この「コア」は、演算処理を行う中核部分を指します。「4コア」では、処理をするために動いてくれるものが「4つある」ということになります。

　つまり、コア数が増えるほど「処理が速くなる」ことになります。

　具体的には、一般のパソコンのCPUでは数個のコア数で、GPUでは数千個のコア数をもちます。

　このため、演算処理を早めるためには、大型コンピューターや有償のクラウドコンピューター（もちろん、これも大型コンピューター）や、独自にグラフィックボードを連結させることでコア数を増やすということが必要になります。

図3-3　CPU（左）とGPU（右）の概観
（出典：NVIDIA,Art,Science and GPU's Adam Savage& Jamie Hyneman Explain Parallel Processing ）

　図3-3の左は、CPUをイメージした描画のシーンで、右がGPUをイメージした描画です。左は、描画が終わるまでかなりの時間が掛かりますが、右は一

瞬で終わります。

　なぜ、CPUとGPUの違いを理解する必要があるのかと言えば、AIでは、複雑な対象や膨大な学習データを機械学習で処理させるために、膨大な量の計算を行う必要があり、いつまで経っても計算が終わらないなどの状態は高度なものを扱うほど増えていくためです。

　AIを自分でやりたい人は、この違いをしっかり理解しておく必要があります。

●TPU(Tensor Processing Unit)

　2023年時点で、Google Colaboratoryには、TPU (Tensor Processing Unit)という、ランタイムのタイプが追加されています。
　このTPUは、GoogleのCloud Platformで有償のクラウドサービスです。

ただし、料金は1秒単位で請求されるので、熟考して使用するのが望ましいです。
　かなりの高速化を実現するために機械学習ライブラリの「TensorFlow」を使っています。
性能的には、「GPU」の約10倍とも言われています。
＊
　CPUとGPUの違いはおおむね分かったのではないかと思います。
　せっかくなので、Google Colaboratoryを入手して、自分のパソコンでGPUが使えるようにしてみましょう。

> **手　順**　Google Colaboratoryの入手

[1]「Google」の検索エンジンに、「グーグルドライブ」と入れます。

図3-4　グーグルドライブ

[2] Google Colaboratory を選択

「個人向けのクラウドストレージおよびファイル共有」から「ドライブを開く」を選択し、図3-5のように「マイドライブ▼ ➡ その他 ➡ アプリを追加」と進んで、「Colaboratory」をクリックします。

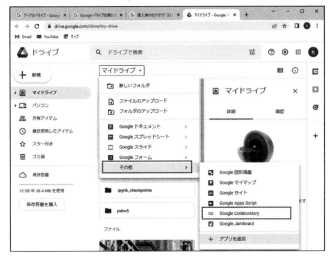

図3-5 「Colaboratory」を選択

[3] 初期設定

最初は、メールアドレスを入れて、初期設定をする必要があります。

一度、設定ができれば、あとは、「マイドライブ▼ ➡ その他 ➡ Google Colaboratory」をクリックすれば、下の画面になります。

図3-6 Google Colaboratory

毎回、使うごとに「Googleにログイン」のダイアログボックスが出ますが、「ア

カウントの選択」で、登録したメールアドレスを選択し、末尾の「許可」をクリックします。

その後、セキュリティ通知のメールが来ますが、それはただ閉じればよいです。

　個人のパソコンの「CPU」では、画像処理はかなり重く、時間が掛かってしまいます。

　しかし、「Google Colaboratory」を使えば、「GPU」を連続使用時間が12時間/日で利用できます。規定時間内であれば無償で使えるのも特徴です。

図3-7　Google Colaboratoryのランタイムを「none ➡ GPU」

　「ランタイム」をクリックし、上のように「ハードウェアアクセラレータ ➡ GPU」にします。

　ランタイムのリセットは90分でリセットされるので、途中で継続すれば使えます。

　次に、「物体検出用のソースコード（プログラミング）」を次の例に沿って「#01から#06まで、1つずつColaboratoryのフレーム」に入れていきます。

　1日の使用時間は12時間までですが、次の日には、また新しく使えます。

3-2 　自前データを学習にして物体検出

前節では、「yolo」を使った物体検出を行ないました。実際にyoloで検出できる対象はどのくらいであるのかを知っておく必要があります。

実際には、

0: person、1: bicycle、2: car、3: motorcycle、4: airplane、5: bus、6: train、7: truck、8: boat、9: traffic light、10: fire hydrant、11: stop sign、12: parking meter、13: bench、14: bird、15: cat、16: dog、17: horse、18: sheep、19: cow、20: elephant、21: bear、22: zebra、23: giraffe、24: backpack、25: umbrella、26: handbag、27: tie、28: suitcase、29: frisbee、30: skis、31: snowboard、32: sports ball、33: kite、34: baseball bat、35: baseball glove、36: skateboard、37: surfboard、38: tennis racket、39: bottle、40: wine glass、41: cup、42: fork、43: knife、44: spoon、45: bowl、46: banana、47: apple、48: sandwich、49: orange、50: broccoli、51: carrot、52: hot dog、53: pizza、54: donut、55: cake、56: chair、57: couch、58: potted plant、59: bed、60: dining table、61: toilet、62: tv、63: laptop、64: mouse、65: remote、66: keyboard、67: cell phone、68: microwave、69: oven、70: toaster、71: sink、72: refrigerator、73: book、74: clock、75: vase、76: scissors、77: teddy bear、78: hair drier、79: toothbrush

の、「0+79=80」の物体が学習済みデータとして「Google Colaboratory」の中にある「coco128.yaml」に定義されています。

■ 物体検出の自前データを用意する煩わしさ

Yoloのデータセットで学習済みのものは80種類でしたが、たとえば、対象が人である場合には「子供なのか女性なのか、男性なのか」は分かりません。

一般的に物体検出では、画像の中の物体を枠で囲む「バウンディングボックス」と、その対象が何であるのかを表示させる「注釈化」（アノテーション化）します。

これらを実現させるためには、相当数の学習データと教師データが必要となります。

　そして、それらの画像は、異なる画像サイズではうまく作動させることができず、「ラベリング」「リサイズ」「注釈化」という作業が必要になります。

　相当数（たとえば100以上の学習データ）の画像では、Google Colaboratory のGPUを使っても計算に数時間かかることがあります。
　当然ながら、精度を上げるために学習データ数を増やせば、さらに計算時間が掛かるというのは否めません。

　このように自前データの画像を準備し物体検出をさせるには、かなりの手間がかかるという煩わしさが発生します。

　特に、微細な現象を判定させるための画像処理では、例えば医療や土木分野のコンクリートのひび割れの検出で、きちんと専門家によって1枚ずつ「どの程度の腫瘍であるのか」、「どの程度のひび割れであるのか」の判定を行って教師データを与える必要があります。

　微細な画像判定を行なうためには、データの準備と分析作業を加えると作業時間等を考えれば、既に市販されているソフトを使った方が時間・コストからも無難と言えます。

　しかし、それでも自分で、あるいは自社で微細な現象の画像処理を行ないたいという場合は、次項で説明する方法が短時間で、かつ正答率精度の高い検出をすることができます。

■ImageJ＋Wekaで簡単に物体検出

　実際に、近年では注目が集まっている土木分野のコンクリートのひび割れを画像処理する方法を解説していきましょう。

　図3-8は、「コンクリートのひび割れ写真」です。
　この写真をもとに機械学習を使ってテストデータのひび割れを評価・予測してみます。

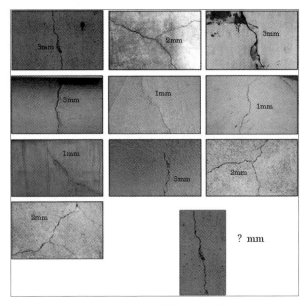

図3-8　コンクリートのひび割れの学習データとテストデータ(右下)

さっそく「ImageJ」を立ち上げていきましょう。

ファイルを開き、そのままマウスでクリックしたまま解析対象を選択すると下の図のように選択できます。

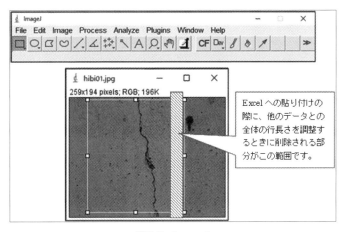

図3-9　ImageJ

囲み終わったら、「Analyze ➡ Plot Profile」をクリックすると、次の図が出てきます。 図の左下の「List」をクリックすると右の「Plot Values」がでてきます。

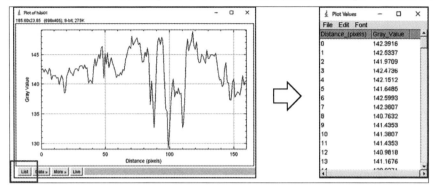

図3-10 ImageJのPlot Profile（縦軸：グレイスケール、横軸：ピクセル）

この Plot Values の値を「Ctrl+a」などで Excel にコピーします。
コピーしたものを「形式を選択して貼り付け ➡ 行/列の入れ替え」で下の表のように作成していき、行の最後は、それぞれ長さが違うので、短いものに合わせて削除します（**図3-15**参照）。

削除された部分は画像のひび割れ部分ではない部分にあたるため解析に影響はありません。そして最後の列（下の表でのEX列）に「class（教師データ）」として、学習用データとして判定した「ひび割れの幅（mm）」を入れます。
データを入れ終わったら、Weka に読み込めるように「csv形式」で保存します。

	EL	EM	EN	EO	EP	EQ	ER	ES	ET	EU	EV	EW	EX
1	no142	no143	no144	no145	no146	no147	no148	no149	no150	no151	no152	no153	class
2	139.5483	139.9198	142.4718	143.5865	140.2423	140.1967	137.3934	137.3169	140.2022	140.8525	137.7869	138.2095	3mm
3	194.3737	193.0044	193.6	190.6202	191.1394	191.8444	194.9939	191.3475	196.7455	196.4747	199.0121	197.8869	2mm
4	217.3111	216.8926	216.8259	217.0481	215.963	216.1889	215.6685	214.2463	213.1426	211.9815	211.4333	211.9482	3mm
5	162.8865	162.3309	162.0676	162.128	162.3237	161.6473	162.2995	162.128	161.0314	160.686	161.2271	161.6063	3mm
6	193.7972	194.649	195.1146	193.2892	192.3739	189.8554	191.3739	192.3633	194.2416	195.7319	194.5785	194.5362	1mm
7	208.6314	208.6784	208.6314	208.4784	208.3784	208.0137	207.5157	207.0196	206.7157	206.649	205.5686	206.302	1mm
8	162.3941	159.5639	153.2012	150.8616	153.8428	157.7966	160.4004	161.0252	161.2348	162.6834	164.5556	166.3962	1mm
9	163.8622	165.3578	165.6289	163.6711	163.66	164.0467	165.22	163.1333	161.2067	163.7533	163.2267	163.4933	3mm
10	196.7832	193.3599	192.6442	194.7219	197.2761	193.1513	193.274	196.1513	190.1697	194.4029	194.4581	193.9427	2mm
11	192.7955	191.267	189.8807	187.3068	188.5947	186.625	188.5739	188.9489	191.5739	190.4318	190.3011	189.8977	2mm
12	190.1515	189.7538	192.0038	188.3333	189.6913	192.2481	190.7652	189.6515	187.5322	188.5303	186.3674	188.072	?
13													

図3-11 ImageJのPlot Profileの値をExcelに張り付け

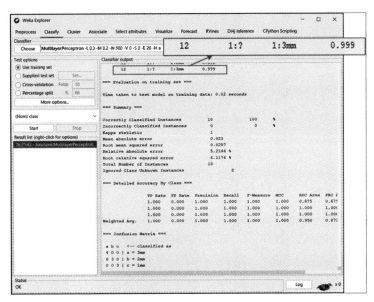

図3-12　Wekaで計算したコンクリートのひび割れの結果

　Wekaの機械学習・AIでいくつかの主要なアルゴリズムで実際に計算した結果を次の表に示します。

表3-1　Wekaによる主要アルゴリズムでの精度比較

Wekaの学習器	一般名のアルゴリズム名	予測値	予測誤差
MLP（単層）	多層型パーセプトロン （AI基本モデル・Neural Network）	3mm	0.999
MLP（3層）	Deep Learning （中間層3層、学習率0.5、モーメント0.2）	3mm	0.967
SMO	SVM（サポートベクターマシン）	3mm	0.667
IBk	k-NN（k近傍法）	3mm	0.846
BayesNet	ベイジアンネットワーク （TAN：Tree Argument network）	3mm	0.995
Logistic	ロジスティック回帰	3mm	1.000
AdaBoostM1	ブースティング（アンサンブル機械学習）	3mm	0.667
J48	決定木（C4.5）	3mm	0.800
DecisionStump	決定木（アンサンブル機械学習・Boosthingアルゴリズム）	3mm	0.800
RandomTree	決定木（ランダムツリー）	1mm	1.000

　具体的なWekaのダウンロード・インストール、操作方法等については「機械学習コレクション Weka 入門　工学社」を参考にしてください。

　計算結果では、「Logistic回帰、MLP単層、MLP3層(ディープラーニング)」の順で、テストデータの「ひび割れは3mm」であることが予測評価されました。また、RandomTreeは「1mm」と誤認識してしまいました。

　下のコンクリートのひび割れ写真で再確認してみれば、テストデータ(右端)のひび割れが「3mm」であることも容易に納得ができる結果になっています。

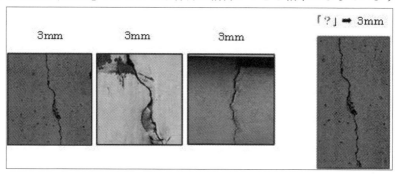

図3-13　コンクリートの「3mmのひび割れ」の学習データと予測対象のテストデータ

●物体検出の主要な手法なモデルと「ImageJ+Weka」の方法

　主な物体検出には、基本となるモデルは「CNN (Convolutional Neural Networks)：畳み込みニューラルネットワーク」を使う方法がほとんどであると言っても過言ではありません。

　Yolo・SSDは既に解説しましたが具体的には、次のものがよく知られています。

・R-CNN (Regional Convolutional Neural Networks)

　ディープラーニングの先駆的な画像処理手法ですが、容量が大きく、時間が掛かります。
　これをもとに派生したものが「Fast R-CNN」「Faster R-CNN」です。

・Yolo (You Only Look Once)
本章の**第1節**で解説しました。
　一般的な学習済みデータをもとに画像処理させる場合は、R-CNNよりも短時間で計算できるようになりましたが、自前のデータで検出を行なう場合にはリサイズ等の下準備にかなりの労力が必要になります。

・SSD (Single Shot MultiBox Detector)
　検出演算を、1回でできる特徴があり、これによって高速化が進みました。

・DETR (End-to-End Object Detection with Transformers)
　学習データの注釈付きバウンディングボックスのアノテーション (Annotation) によって学習精度が変わるのを低減化することができるように工夫されたものです。

　これらの手法は、基本的に「CNN」を使っていますが、その結果、容量が大きくなり、計算時間も増えていくというもどかしさが付きまといます。

　さらに、微細な状態を検出させたい場合の「医療画像」や「土木分野のコンクリートのひび割れ」などの問題では、自前のパソコンでは動かないという状態に陥ることが発生します。

　このような時には、どうしても「GPU」を使うということを考えると大型コンピューターや有償のクラウドコンピューターに依存するということになってしまいます。

　それでもなんとか無償で、自前の市販のパソコンでという方には、ぜひ「ImageJ+Weka」という選択肢があることをここでは示してみました。

　意外と高い精度が期待できるだけでなく、かなり簡単に短時間でかなりの量のデータも扱える点で効果が期待できるのではないかと思います。

## 第4章

ヒートマップ(HeatMap)

この章では、物体検出に使われる「ヒートマップ」
(HeatMap)について、解説します。

4-1 物体検出と「HeatMap」「Segmentation」

　物体検出は、yoloなどによって**図4-1**のようにかなり簡単に短時間でできる
ようになってきています。

　これは、対象の画像の中に「どのような物体が、どの位置にあるのか」を示し、
現在では非常に多くの分野で応用が進められています。
　アノテーションの数値は「mAP値(既得データとの再現率との適合率の平均；
0～1)」でした。

図4-1 「Google Colaboratory」でyoloを使った物体検出

■ヒートマップの応用例

本章のテーマに入る前に、次の図を見てください。

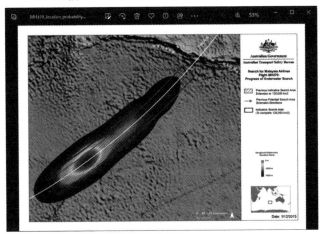

図4-2　ヒートマップ応用例(出典:Wikipedia ヒートマップ)

この図は、2014年3月8日に消息を絶ったマレーシア航空370便がインド洋に墜落したと推定され、その後2015年7月29日にフランス領レユニオンでその機体の一部が発見されたときに使われたものです。

行方不明の探査に、ベイズ指定で飛行経路を探り、水深分布図上に「ヒートマップ」で推定したもので、かなり墜落位置が絞り込まれているのが分かります。

ヒートマップは、1991年にCormac Kinney(米、デザイナー、1971-)によって商標が登録された用語です。この時には、金融情報を可視化するという目的で作られました。

その後、ヒートマップは、Ramprasaath R. Selvarajuらによって「Grad-CAM」として掲載され、現在では、Pythonのオープンソースライブラリ「PyTorch」に、「pytorch-gradcam」として入っています。

ヒートマップ手法の基本的な考え方は、CNNをベースにした、「画像の可視化分類」を行なうためのものです。

　AIが画像認識をする際に、どこに着眼して可視化しているのを把握することができるため、現在では、説明できるAI「XAI」(eXplainable AI)の1つとして使われています。

　ただ、この手法の基礎理論もソースコードもかなり本格的です。

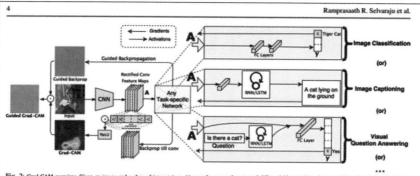

図4-3　HeatMap
(出典：Grad-CAM: Visual Explanations from Deep Networks via Gradient-based Localization)

■「HeatMap」と「Segmentation」

物体検出では、多くの学習データをもとにテストデータを入れてディープラーニングによって予測・評価を行ないます。

すでに紹介した「yolo」は、「person, TV monitor, train, boat, dog, chair, bird, bicycle, bottle, sheep, dining table, horse, motorbike, sofa, cow, car, airplane, cat, bus, potted plant」などの80のクラス（教師データとしてのまとまり）があり、多くの物体検出で使われています。

この教師データにあるものは「学習済みデータ」としての集合体ですから、物体検出をしたい対象が画像に含まれていれば、検出ができることになります。

逆に、対象の画像に含まれていないものは、当然ですが検出することはできません。
このため、自前のデータを揃えて「物体検出」を行う場合は、「yolo」の基準に沿って、学習用の画像を加工し編集していくという作業が必要になります。

この基準は、画素数の大きさが他のジャンルも一緒に合わせて計算されるため、サイズを合わせる「リサイズ」という作業に加え、その対象が何であるのかを定義する「ラベリング」作業、そして、学習用とテスト用とを定義する「yamlファイル化」の作業が必要になります。

これらの作業を経て、学習データを100枚以上集めて、テストデータを用意して「学習」を行うには、Google Colaboratoryでも数時間以上が計算にかかります。
ここに、「物体検出」がいかに「重たい解析」であるのかが分かります。

「Segmentation」「HeatMap」は、膨大な学習データを必要としていません。
計算したい対象の「面の中にある境界を検出して、区分け」を行なうのが、次章で解説する「Segmentation」です。

これは、物体の境界検出に「Grad-CAM」というシステムアルゴリズムを使うため、膨大なデータの学習を必要とせず、計算上の負荷が著しく低減されています。

視点を変えると、「yolo」を使った物体検出は、一般的な写真の検出はできますが、特定の部分を検出するには「学習データを作る必要がある」ことに加え、通常のパソコンでは計算が重すぎるため、限界があると言えます。

そして、「Segmentation・HeatMap」は、学習データを特に必要としないため、かなり大きな画素数でも、小さな画素数でも、実際の実務へ使う事ができる本格的なディープラーニングの物体検出の手法の1つと言えるのです。

■「Pytorch」と「GradCam」

「PyTorch」は、Pythonで書かれたオープンソースの機械学習フレームワークで、GPUを利用した高速な演算や自動微分機能を提供しており、深層学習の研究や開発に広く利用されています。

また、ニューラルネットワークのモデルを構築するための高度なツールを提供し、様々なアルゴリズムを簡単に実装できる大きな特徴があります。

一方、「Grad-CAM」(Gradient-weighted Class Activation Mapping) は、深層学習モデルを可視化するための手法の1つで、「CNN」(Convolutional Neural Network) などの深層学習モデルの出力に対して、各特徴マップの勾配を計算し、クラス分類に寄与した重要な部分を可視化することができます。

この点で、Grad-CAMは深層学習モデルがどのような特徴に基づいて予測を行なっているかを理解するために役立ちます。

また、「GradCAM++」は、CNNの特定層の出力と、クラススコアの勾配を使用して、特徴マップを重み付けし、最後にReLU関数を適用します。

このように、「PyTorch」と「Grad-CAM」を組み合わせることで、深層学習モデルの可視化や解釈性の向上が可能になります。
PyTorchを使用して深層学習モデルを構築しGrad-CAMを使用してモデルの出力を可視化することができるようになります。

具体的には、PyTorchでモデルを定義してトレーニングし、Grad-CAMを使って出力したモデルを可視化するための関数を定義することができます。

■ HeatMapで使うPythonモジュールとそのソースコード

　HeatMapでは、いくつかのPythonモジュールをインポートし、デバイスの種類を設定します。

● PytorchとGradCamのインストールとモジュールのインポート

HeatMapのソースコード ①

```
## HEAT-MAP
## Grad-CAM using PyTorch with Google Colaboratory
## 解析したいファイルを「sample_data」へドラッグ＆ドロップ

# 1/8 firstsetup Grad-CAM using PyTorchのインストール
! pip install pytorch-gradcam
```

HeatMapのソースコード

```
# 2/8 os,PIL,numpy,torch,torchの関数のインストール
import os
import PIL
import numpy as np
import torch
import torch.nn.functional as F
import torchvision.models as models
from torchvision import transforms
from torchvision.utils import make_grid, save_image

from gradcam.utils import visualize_cam
from gradcam import GradCAM, GradCAMpp

device = 'cuda' if torch.cuda.is_available() else 'cpu'
```

「# 2/8」部分の解説

・import os
オペレーティングシステムとのインターフェースを提供するPythonモジュールをインポート。

・import PIL
Python Imaging Libraryのフォークである Pillowをインポートし、画像の読み込みや保存などの画像処理に使用。

・import numpy as np
数値計算ライブラリであるNumPyをインポートし、npという略称であるエイリアス（alias）を設定。

・import torch
機械学習フレームワークであるPyTorchをインポート。

・import torch.nn.functional as F
ニューラルネットワークの活性化関数や損失関数などを提供するfunctionalモジュールを、Fというエイリアスでインポート。

・import torchvision.models as models
画像分類などのタスクに使用できる、事前に学習された深層学習モデルを提供するmodelsモジュールをインポート。

・from torchvision import transforms
画像の前処理やデータ拡張などのための変換関数を提供するtransformsモジュールから、必要な関数をインポート。

・from torchvision.utils import make_grid, save_image
画像をグリッド状に結合したり、画像を保存するための関数を提供するutilsモジュールから、make_grid関数とsave_image関数をインポート。

・from gradcam.utils import visualize_cam
Grad-CAMの可視化に使用される visualize_cam関数を提供するutilsモジュールから、visualize_cam関数をインポート。

・from gradcam import GradCAM, GradCAMpp
Grad-CAM と Grad-CAM++ の実装を提供する GradCAM クラスと

GradCAMppクラスをインポート。

・device = 'cuda' if torch.cuda.is_available() else 'cpu'

PyTorchがGPUを利用できる場合は、device変数に'cuda'を、できない場合は'cpu'を設定。

● 画像データの読み込みとサイズのリセット

図4-5　HeatMapのソースコード ②

```
# 3/8 解析対象ファイルを最初に設定する方法のコード
img_name = 'sample_data/dog.jpg'

pil_img = PIL.Image.open(img_name)
pil_img

# 4/8 画像サイズのリセット（224×224）画素
torch_img = transforms.Compose([
    transforms.Resize((224, 224)),
    transforms.ToTensor()
])(pil_img).to(device)
normed_torch_img = transforms.Normalize([0.485, 0.456,
0.406], [0.229, 0.224, 0.225])(torch_img)[None]
```

「# 3/8」部分の解説

Pillow（Python Imaging Library）を使用して、指定されたファイルパスにある画像ファイルを開いています。

まず、変数「img_name」には、開く画像ファイルのファイルパスが文字列として代入されています。

この例では、「sample_data」というディレクトリの中にある「test_data_01.jpg」というファイルを指定しています。

次に、「PIL.Image.open()」メソッドを使用して、img_nameで指定されたファイルを開き、"pil_img"という変数に代入しています。

このとき、PILモジュールはインポートされていることが前提となっています。

　「PIL.Image.open()」メソッドは、指定されたファイルパスにある画像をPILモジュールのImageオブジェクトとして読み込みます。

　pil_imgには、画像ファイルがImageオブジェクトとして読み込まれた結果が代入されます。

「#4/8」部分の解説

　変数torch_imgには、「transforms.Compose()」関数を使って、複数の画像変換を連結して実行する処理を定義しています。

　ここでは、「Resize()」メソッドを使って画像サイズを "224, 224" に変更し、さらに「ToTensor()」メソッドを使って、画像をテンソル(torch.Tensorオブジェクト)に変換します。

　「transforms.Compose()」関数は、複数の変換をまとめて適用するために使われます。

　この関数に渡された引数は、各変換を実行するための設定であり、()で囲まれた引数は、この設定を使って実際に変換を行うための入力データです。ここでは、pil_imgが入力データとなります。

　"pil_img" を入力データとして、「transforms.Compose()」関数によって実行された変換を経て、テンソル形式の「torch_img」を生成します。

　また、このテンソルをGPU上で処理するために、「.to(device)」メソッドを使って、CPUかGPUかを判別して変換を行います。

　次に、「transforms.Normalize()」関数を使って、テンソル形式のtorch_imgに対して正規化処理を施し、normed_torch_imgという新たなテンソルを生成しています。

　正規化は、各チャンネルの平均値と標準偏差を用いますが、ここでは、よく使われる平均値と標準偏差を、それぞれ [0.485, 0.456, 0.406] と [0.229, 0.224, 0.225] として指定しています。

　「normed_torch_img」は、一次元のテンソルを表わす [None] を末尾に追加して、バッチサイズ1の形に変換されます。

　これは、PyTorchのモデルが入力としてバッチサイズを必要とするため、入力テンソルの先頭にバッチサイズ1を追加する必要があるためです。

　ここで、「**バッチサイズ**」とは、機械学習の学習において、1回の学習に用いるサンプル数のことを指します。

　たとえば、バッチサイズが「100」の場合、「1回の学習に100個のサンプルを使用」します。
　バッチサイズが大きいほど、1回の学習で使用するサンプル数が多くなりますが、モデルのパラメータ更新に必要な計算量が増えるため、学習時間が長くなります。

　逆に、バッチサイズが小さい場合は、1回の学習で使用するサンプル数が少なくなり、モデルのパラメータ更新に必要な計算量が減るため、学習時間が短くなります。

●GradCamのモデル比較とレイヤー設定

HeatMapのソースコード ③

```
# 5/8 Grad-CAMのモデル比較
alexnet = models.alexnet(pretrained=True)
vgg = models.vgg16(pretrained=True)
resnet = models.resnet101(pretrained=True)
densenet = models.densenet161(pretrained=True)
squeezenet = models.squeezenet1_1(pretrained=True)

# 6/8 モデルのレイヤー設定
configs = [
    dict(model_type='alexnet', arch=alexnet, layer_
name='features_11'),
    dict(model_type='vgg', arch=vgg, layer_
name='features_29'),
    dict(model_type='resnet', arch=resnet, layer_
name='layer4'),
    dict(model_type='densenet', arch=densenet, layer_
name='features_norm5'),
    dict(model_type='squeezenet', arch=squeezenet, layer_
name='features_12_expand3x3_activation')
    ]
```

「#5/8」部分の解説

　PyTorchにおいて提供されている事前学習済みの畳み込みニューラルネットワークモデルを読み込む処理です。

　「models」は、PyTorchに組み込まれたモデルアーキテクチャを含むモジュールです。

　「alexnet」「vgg」「resnet」「densenet」「squeezenet」は、それぞれ畳み込みニューラルネットワークのモデルアーキテクチャであり、それぞれ、「AlexNet」「VGG16」「ResNet101」「DenseNet161」「SqueezeNet1.1」を表わします。

　「pretrained=True」は、それぞれのモデルに対して、ImageNetなどの大規模なデータセットで学習済みの重みを使用することを指定しています。
　これにより、通常数週間以上かかる学習を省略して、すぐに高品質の予測を行うことができます。

　これらのモデルは、画像分類、物体検出、セマンティックセグメンテーションなど、さまざまなタスクで広く使われており、、高度なコンピュータビジョンのタスクをより簡単に解決できるようになります。

「#6/8」部分の解説

　このコードは、5つの畳み込みニューラルネットワーク(AlexNet、VGG、ResNet、「DenseNet、SqueezeNet)のそれぞれについて、最も重要な特徴マップを抽出するための設定を定義しています。

　各モデルには、モデルの種類を表わす「model_type」、モデルのアーキテクチャを表わすarch、抽出する特徴マップの層名を表わすlayer_nameの3つのパラメータが指定されています。

　たとえば、AlexNetの場合、model_typeは'alexnet'、archはalexnet関数、そしてlayer_nameは'features_11'となります。

　ここで、archは定義された関数であり、それぞれのモデルのアーキテクチャを定義しています。

この設定は、深層学習のさまざまなタスクで利用され、たとえば、転移学習においては、これらのモデルを事前学習済みの重みで初期化して、ターゲットタスクに応じて追加のレイヤーを追加することが一般的です。

また、特徴マップの抽出は、可視化や解釈可能性の向上などにも役立ちます。

●画像の重ね合わせ関数とHeatMap化

HeatMapのソースコード ④

```
# 7/8 画像の重ね合わせの関数を導入
for config in configs:
    config['arch'].to(device).eval()

cams = [
    [cls.from_config(**config) for cls in (GradCAM,
GradCAMpp)]
    for config in configs
]

# 8/8 対象を HeatMap化
images = []
for gradcam, gradcam_pp in cams:
    mask, _ = gradcam(normed_torch_img)
    heatmap, result = visualize_cam(mask, torch_img)

    mask_pp, _ = gradcam_pp(normed_torch_img)
    heatmap_pp, result_pp = visualize_cam(mask_pp, torch_
img)

    images.extend([torch_img.cpu(), heatmap, heatmap_pp,
result, result_pp])

grid_image = make_grid(images, nrow=5)
transforms.ToPILImage()(grid_image)
```

「#7/8」部分の解説

先に定義された configs リストに基づいて、複数の畳み込みニューラルネットワークの Grad-CAM と Grad-CAM++ を初期化しています。

configs リストは、それぞれのモデルのタイプ、アーキテクチャ、および特徴マップの層名を指定します。

for ループは configs リストの各設定に対して実行され、arch 属性が指定されたデバイスに転送され、学習済みモデルを評価モードに設定しています。

次に、Grad-CAM と Grad-CAM++ の初期化が行なわれます。

Grad-CAM と Grad-CAM++ は、畳み込みニューラルネットワークの最終的な特徴マップを使用して、クラス分類に対する重要な領域を可視化するための手法です。

各モデルに対して、Grad-CAM と Grad-CAM++ の両方が生成され、それらはリスト cams に格納されます。

リスト cams の各要素は、タプル (GradCAM, GradCAMpp) で構成され、Grad-CAM と Grad-CAM++ のインスタンスがそれぞれ含まれます。

「#8/8」部分の解説

このコードは、リスト cams に格納された Grad-CAM と Grad-CAM++ のインスタンスを使用して、画像の Grad-CAM 可視化を生成しています。

まず、入力画像を正規化して、Grad-CAM と Grad-CAM++ の両方に適用できるようにしています。

次に、for ループが cams リストの各要素に対して実行され、Grad-CAM と Grad-CAM++ の両方について、マスクの生成と可視化を行ないます。

各ループで、次のような手順が実行されます。

---

[1] gradcam オブジェクトを使用して、入力画像の Grad-CAM マスクを計算

Grad-CAM マスクは、最後の畳み込み層の勾配情報を使用して計算される。

[2] visualize_cam 関数を使って、Grad-CAM マスクをヒートマップとして可視化。

出力の heatmap は、オリジナル画像と同じサイズの画像で、各ピクセルの色が、そのピクセルが重要である度合いを表わしている。

[3] gradcam_pp オブジェクトを使用して、入力画像の Grad-CAM++ マスクを計算。

Grad-CAM++ マスクは、最後の畳み込み層の勾配情報と、クラススコアを使用して計算される。

[4] visualize_cam 関数を使って、Grad-CAM++ マスクをヒートマップとして可視化します。

[5] images リストに、元の入力画像、Grad-CAM マップ、Grad-CAM++ マップ、Grad-CAM 可視化結果、Grad-CAM++ 可視化結果の各画像を追加。
　最後に、make_grid 関数を使用して、images リストの画像を1つのグリッドにまとめ、PIL 形式に変換しています。
　出力の画像は、オリジナル画像と Grad-CAM マップ、Grad-CAM++ マップ、Grad-CAM 可視化結果、Grad-CAM++ 可視化結果の各画像が縦方向に並んで表示される。

●HeatMapで使用した各ネット

・AlexNet
100万枚を超える事前学習済みデータセットがある ImageNet データベースから読み込める8層のニューラルネットワーク。

・Vgg：Visual Geometry Group
2014年に ImageNet のコンペティションで優勝したオックスフォード大学のチームが開発したネットワーク。

・Resnet：Residual Neural Networks
残差ブロックというアルゴリズムを直列につなぐことで、高精度の大規模CNNを可能にしたネットワーク。

・DenseNet：Densely Connected Convolutional Networks
前方の各層からの出力をすべて後方の層への入力として使うネットワーク。ResNet を改善したモデルとして知られています。

・Squeezenet
2016年にリリースされたディープラーニング用のネットワーク。

4-2 ヒートマップ（HeatMap）

それでは、実際に「GoogleColaboratory」で、「HeatMap」を行なってみましょう。

手 順 「GoogleColaboratory」を使った「HeatMap」

[1] GoogleColaboratory を開く

ランタイムをGPUにして、データファイルをドラッグ＆ドロップします。

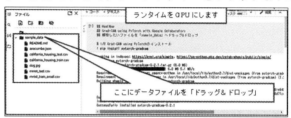

図4-4 Google Colaboratoryを使ったHeatMap 1

[2] データファイルの設定

図のように、解析ファイルの設定のところで、データファイルの設定をします。

図4-5 Google Colaboratoryを使ったHeatMap 2

[3]各コードの入力

図のように、コードを入力します

```
[4]  # 4/8 画像サイズのリセット (224×224) 画素
     torch_img = transforms.Compose([
         transforms.Resize((224, 224)),
         transforms.ToTensor()
     ])(pil_img).to(device)
     normed_torch_img = transforms.Normalize([0.485, 0.456, 0.406], [0.229, 0.224, 0.225])(torch_img)[N
```
ここで Shift+Enter

```
[5]  # 5/8 Grad-CAMのモデル比較
     alexnet = models.alexnet(pretrained=True)
     vgg = models.vgg16(pretrained=True)
     resnet = models.resnet101(pretrained=True)
     densenet = models.densenet161(pretrained=True)
     squeezenet = models.squeezenet1_1(pretrained=True)
```
ここで Shift+Enter

```
     /usr/local/lib/python3.7/dist-packages/torchvision/models/_utils.py:209: UserWarning: The parameter
       f"The parameter '{pretrained_param}' is deprecated since 0.13 and will be removed in 0.15, "
     /usr/local/lib/python3.7/dist-packages/torchvision/models/_utils.py:223: UserWarning: Arguments oth
       warnings.warn(msg)
     Downloading: "https://download.pytorch.org/models/alexnet-owt-7be5be79.pth" to /root/.cache/torch/h
     100%                                                            233M/233M [00:01<00:00, 147MB/s]
     /usr/local/lib/python3.7/dist-packages/torchvision/models/_utils.py:223: UserWarning: Arguments oth
       warnings.warn(msg)
     Downloading: "https://download.pytorch.org/models/vgg16-397923af.pth" to /root/.cache/torch/hub/che
```

```
[6]  # 6/8 モデルのレイヤー設定
     configs = [
         dict(model_type='alexnet', arch=alexnet, layer_name='features_11'),
         dict(model_type='vgg', arch=vgg, layer_name='features_29'),
         dict(model_type='resnet', arch=resnet, layer_name='layer4'),
         dict(model_type='densenet', arch=densenet, layer_name='features_norm5'),
         dict(model_type='squeezenet', arch=squeezenet, layer_name='features_12_expand3x3_activation')
     ]
```
ここで Shift+Enter

```
[7]  # 7/8 画像の重ね合わせの関数を導入
     for config in configs:
         config['arch'].to(device).eval()

     cams = [
         [cls.from_config(**config) for cls in (GradCAM, GradCAMpp)]
         for config in configs
     ]
```
ここで Shift+Enter

```
[8]  # 8/8 対象を HeatMap化
     images = []
     for gradcam, gradcam_pp in cams:
         mask, _ = gradcam(normed_torch_img)
         heatmap, result = visualize_cam(mask, torch_img)

         mask_pp, _ = gradcam_pp(normed_torch_img)
         heatmap_pp, result_pp = visualize_cam(mask_pp, torch_img)

         images.extend([torch_img.cpu(), heatmap, heatmap_pp, result, result_pp])

     grid_image = make_grid(images, nrow=5)
     transforms.ToPILImage()(grid_image)
```
ここで Shift+Enter

```
     /usr/local/lib/python3.7/dist-packages/torch/nn/modules/module.py:1053: UserWarning: Using a non-fu
       warnings.warn("Using a non-full backward hook when the forward contains multiple autograd Nodes "
```

図4-6　Google Colaboratoryを使ったHeatMap 3

■HeatMapの結果

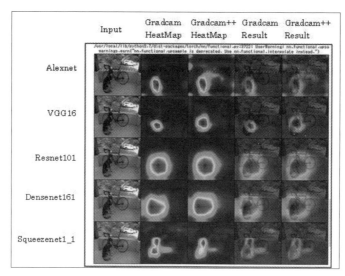

図4-7　Google Colaboratoryを使ったHeatMap 4

いろいろな画像でHeatMapを試した結果が、以下になります。

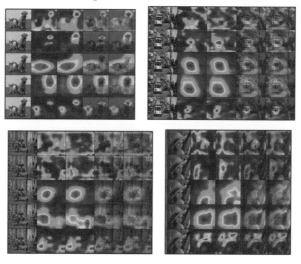

図4-8　いろいろなHeatMap

■HeatMapと「XAI」（eXplainable AI）

ヒートマップは画像処理では、「特定の特徴がある部分」を指し、たとえば、図4-7では「犬」に特徴を見出しています。

また、ケーブルカーのある画像写真では、「ケーブルカー」に特徴を見出しています。

これらのことから、HeatMapは、「XAI」（eXplainable AI）という、「説明できるAI」の1つに利用されています。

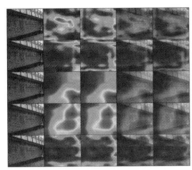 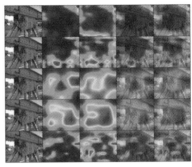

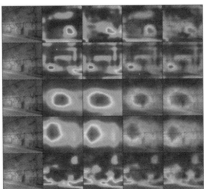

図4-9　Google Colaboratoryを使ったHeatMap 5
上段左：橋梁、上段右：橋梁の接合部、下段左：トンネル内のひび割れ

【参考文献】

01：Sebastian Raschka/Vahid Mirjalili, Python 機械学習プログラミング, ㈱クイープ・
福島真太朗監訳, インプレス, 2018.3.21.
02：François Chollet、巣籠悠輔(監訳)、Python と Keras によるディープラーニング、マイナビ出版、2018.10.25.(第4刷)
03：SSD、Wei Liu etc. SSD: Single Shot MultiBox Detector
04：SSD、https://www.acceluniverse.com/blog/developers/2020/02/SSD.html
05：Semantic Segmentation、https://japan-medical-ai.github.io/medical-ai-course-
materials/notebooks/05_Image_Segmentation.html
06：Panaptic Segmentation、https://openaccess.thecvf.com/content_CVPR_2019/papers/Kirillov_Panoptic_Segmentation_CVPR_2019_paper.pdf

第5章

セグメンテーション(Segmentation)

「説明できるAI」で重要視されているものの1つとして、「セグメンテーション(Segmentation:区分け)」という手法があります。

セグメンテーションは、解析をしたい画像のクラスラベル(何がどこにあるのかというラベル付け)を予測・評価するための手法です。

5-1　　　　　セグメンテーションとは

　セグメンテーションとは、「画像を複数の領域に分割し、それぞれの領域を異なるクラスに割り当てる」ことを指します。
　つまり、画像内の異なる物体や背景を分離することができるところにこの手法の特徴があります。

　セグメンテーションの具体的な手法には、
・FCN (Fully Convolutional Networks)
　全層畳み込みネットワーク。主にセマンティックセグメンテーションのために開発された手法、
・R-CNN (Region-Convolutional Neural Network)
　当初は物体検出のために開発された手法
・FPN (Feature Pyramid Networks)
　ピラミッド型に特徴を重ね合わせていく手法
・SegNet (Convolutional Encoder-Decoder)
　「Encoder」は、データをある規則に基づいて特定の装置で符号化する方法。

「Decoder」は符号化されたものを元の形式に戻す方法であり、SegNetは画像分割する方法
・Semantic Segmentation
などがあります。

　セグメンテーションは、自動運転技術や医療画像処理、監視カメラなど、さまざまな分野で利用されています。

　たとえば、自動運転車のカメラ画像から道路や車両を検出するために使われたり、医療画像処理では、異常部位の検出や腫瘍の判別などに利用されます。

　インフラ整備の土木分野などでは、優先的に改善を要する部位の抽出などへの応用が可能と言えます。
　土木分野での応用では、次のような領域での活用ができます。

・道路舗装の損傷検出
　道路舗装の維持管理において、舗装の損傷箇所を検出することが重要。
　セグメンテーションを用いることで、道路表面の画像から舗装の損傷箇所を自動的に検出できる。

・河川の氾濫範囲の推定
　河川の氾濫は、周辺地域に大きな被害をもたらすことがある。
　セグメンテーションを用いることで、河川の画像から河川と周辺地域を分離し、氾濫した領域を推定できる。

・構造物の変形検出
　構造物では、時間の経過や外力の影響などによって変形することがある。
　セグメンテーションを用いることで、構造物の画像からその形状を自動的に抽出し、時間の経過に伴う変形を検出できる。

・3D地形モデルの生成
　土木分野では、地形の測量や分析が重要。
　セグメンテーションを用いることで、航空写真や衛星画像から地形の画像を抽出し、それを積み重ねることで3D地形モデルを生成できる。

5-2 「SegNet」の仕組み

ここでは、「SegNet」と、「Semantic Segmentation」による画像分割について、基本的な仕組みとプログラム（Pythonソースコード）を紹介します。

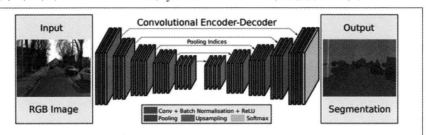

図5-1 SegNet（Convolutional Encoder-Decoder 出典：参考文献02）

基本的な仕組みは、畳み込み型Neural Networkの構造を基本にしています。

活性化関数は「Softmax関数」を使っています。
これによって元の画像を分割して再出力する考え方ですが、対象となる面の境界が微弱であると思うように検出ができません。

「SegNet」は、深層学習に基づいた画像セグメンテーションのための「畳み込みニューラルネットワーク」で、画像をピクセル単位でセグメンテーションするアーキテクチャを構築します。

このアーキテクチャは、「エンコーダ」と「デコーダ」と呼ばれる2つの主要な部分で構成されています。
「エンコーダ」（**Encoder**）は「符号化するための方法」で、「デコーダ」（**Decoder**）は「その符号化されたものを戻す方法」です。

エンコーダは、入力画像を畳み込み演算によって高次元特徴マップに変換します。
これにより、画像の高次元表現が抽出されます。

デコーダは、エンコーダで抽出された特徴マップを使用して、ピクセル単位でセグメンテーションを行ないます。

　つまり、デコーダは「エンコーダで抽出された特徴」を使って、セグメンテーションのためのマップをピクセル単位で生成していきます。

　また、SegNetは、エンコーダとデコーダの間に「**プーリング層**」をもっています。

　「プーリング層」は、畳み込み演算で得られた高次元特徴マップをサブサンプリングし、特徴マップのサイズを縮小します。

　最終的に、SegNetは、「softmax」関数によって出力される、各ピクセルに対するセグメンテーションの確率分布を生成していきます。

　つまり、SegNetは、画像内の各ピクセルに対して、それがどのクラスに属するかを確率的に予測することができるのです。

■ Segmentationで使うPythonモジュールとそのソースコード

　ソースコードを各項目に沿って解説していきます(参考文献04)。

●「#1/5」部分の解説

Segmentationのソースコード その1

```
## SEGMENTATION & SEMANTIC SEGMENTATION
## Segmentation with Google Colaboratory
## 画像ファイルを「content/sample_data」へドラッグ＆ドロップ
## ランタイムをGPUへ変更


# 1/5 firstsetup
%%bash
# Colab-specific setup
!(stat -t /usr/local/lib/*/dist-packages/google/colab > /
dev/null 2>&1) && exit
pip install yacs 2>&1 >> install.log
git init 2>&1 >> install.log
```

```
git remote add origin https://github.com/CSAILVision/
semantic-segmentation-pytorch.git 2>> install.log
git pull origin master 2>&1 >> install.log
DOWNLOAD_ONLY=1 ./demo_test.sh 2>> install.log
```

このコードは、Colab（Googleが提供するオンラインのJupyterノートブック環境）での環境設定と、PyTorchを使用したセマンティックセグメンテーションのデモをダウンロードするためのスクリプトです。

まず、Colabでの特定の設定が行われています。その後、yacsというPythonライブラリがインストールされます。

次に、GitHubからソースコードをダウンロードするために、git init、git remote add origin、およびgit pull origin masterが呼び出されます。

最後に、DOWNLOAD_ONLY=1 ./demo_test.shが呼び出され、セマンティックセグメンテーションのデモをダウンロードします。

ただし、このコードは、Linuxコマンドを使用しているため、コマンドラインで実行する必要があります。Colabの場合、Pythonコードをセルに入力し、セルを実行することでコマンドを実行できます。

このコードは、PyTorchとセマンティックセグメンテーションの初心者には理解が難しいかもしれませんが、セマンティックセグメンテーションのデモをダウンロードするために必要な環境設定を行なっています。

●「#2/5」部分の解説

Segmentationのソースコード その2

```
# 2/5 os,PIL,numpy,torch,torchの関数のインストール
import os, csv, torch, numpy, scipy.io, PIL.Image,
torchvision.transforms
# Our libs
from mit_semseg.models import ModelBuilder,
SegmentationModule
```

```
from mit_semseg.utils import colorEncode

colors = scipy.io.loadmat('data/color150.mat')['colors']
names = {}
with open('data/object150_info.csv') as f:
    reader = csv.reader(f)
    next(reader)
    for row in reader:
        names[int(row[0])] = row[5].split(";")[0]

def visualize_result(img, pred, index=None):
    # filter prediction class if requested
    if index is not None:
        pred = pred.copy()
        pred[pred != index] = -1
        print(f'{names[index+1]}:')

    # colorize prediction
    pred_color = colorEncode(pred, colors).astype(numpy.
uint8)

    # aggregate images and save
    im_vis = numpy.concatenate((img, pred_color), axis=1)
    display(PIL.Image.fromarray(im_vis))
```

　最初に、「mit_semseg」というパッケージから「ModelBuilderと
SegmentationModule」をインポートします。

　そして、「colorEncode」という関数を「mit_semseg.utils」からインポートし
ます。

　「colors」で、色を表すデータを読み込みます。

　「object150」は、「MIT Scene Parsing Benchmark」と呼ばれるデータセット
で、150種類のオブジェクトを含む20,000以上の画像が含まれています。

　このデータセットは、画像内のオブジェクトをセマンティックセグメンテー
ションのタスクで分類するために使います。

　また、「object150_info.csv」は、このデータセットに関する情報を含むファ

イルの一つで、クラスID、クラス名、親クラスIDなどの情報を含んでいます。
このファイルは、前処理や評価に使用します。

　次に、画像と予測結果を可視化するための関数「visualize_result」を定義します。

　この関数は、3つの引数を受け取ります。imgは元の画像、predは予測結果、indexはオプションの引数で、指定したクラスに対する予測結果のみを表示します。

　indexが指定された場合、predからindex以外のクラスの予測結果を-1に置き換えます。

　その後、指定されたクラスの名前をプリントします。
　predを色付けしてpred_colorを作成し、imgとpred_colorを横に連結して、最終的な可視化結果をim_visとして作成します。im_visをPillowのImageオブジェクトに変換して表示します。

●「#3/5」部分の解説

Segmentationのソースコード その3

```
# 3/5 network
net_encoder = ModelBuilder.build_encoder(
    arch='resnet50dilated',
    fc_dim=2048,
    weights='ckpt/ade20k-resnet50dilated-ppm_deepsup/
encoder_epoch_20.pth')
net_decoder = ModelBuilder.build_decoder(
    arch='ppm_deepsup',
    fc_dim=2048,
    num_class=150,
    weights='ckpt/ade20k-resnet50dilated-ppm_deepsup/
decoder_epoch_20.pth',
    use_softmax=True)

crit = torch.nn.NLLLoss(ignore_index=-1)
```

```
segmentation_module = SegmentationModule(net_encoder, net_
decoder, crit)
segmentation_module.eval()
segmentation_module.cuda()
```

PyTorchを使用して、セグメンテーションのモデルを構築します。

1行目は、ModelBuilderの「build_encoder()」メソッドを呼び出し、ResNet50を使用したエンコーダを構築しています。

arch引数には、使用するアーキテクチャを指定します。
ここでは、"resnet50dilated"を指定しています。

「fc_dim」は、エンコーダの出力フィーチャーの次元数で、"2048"を指定し、weightsには、事前学習済みの重みを指定します。

2行目は、ModelBuilderの「build_decoder()」メソッドを呼び出し、PPM-DeepSupを使用したデコーダを構築しています。

arch引数には、使用するアーキテクチャを指定します。ここでは、"ppm_deepsup"を指定しています。

「fc_dim」は、エンコーダの出力フィーチャーの次元数で、ここでは2048を指定しています。

「num_class」は、分類するクラスの数で、ここでは"150"を指定しています。weightsは、事前学習済みの重みを指定します。

「use_softmax=True」は、出力をソフトマックス関数で正規化するためのフラグです。

ここで、「エンコーダの出力フィーチャーの次元数の2048」は、ResNet50の最終層の出力の次元数を表わしています。

　ResNet50は、入力画像に対して畳み込み層やプーリング層を積み重ねたニューラルネットワークであり、その最終層における出力の次元数が2048であるため、ここでは2048を指定しています。

　これは、エンコーダが出力する特徴量の次元数を2048にすることを意味しています。
　これにより、より高次元の特徴量を抽出できるため、より高度なセグメンテーションを実現することができます。

　3行目は、損失関数としてNLLLoss（負の対数尤度損失関数）を使用しています。
　「ignore_index」は、予測が-1の場合に損失を計算しないようにするためのフラグです。

　4行目は、SegmentationModuleを構築します。
　「net_encoder」「net_decoder」は、それぞれエンコーダとデコーダのネットワークを指定します。「crit」は、損失関数を指定します。

　5行目は、segmentation_moduleを評価モードに設定し、**6行目:**は、segmentation_moduleをGPUに転送します。

●「#4/5」部分の解説

Segmentationのソースコード その4

```
# 4/5 解析対象ファイルを途中で設定する方法のコード
## ここで解析したいファイルを指定する
pil_to_tensor = torchvision.transforms.Compose([
    torchvision.transforms.ToTensor(),
    torchvision.transforms.Normalize(
        mean=[0.485, 0.456, 0.406], # These are RGB mean+std
values
        std=[0.229, 0.224, 0.225])  # across a large photo
dataset.
])
pil_image = PIL.Image.open('sample_data/test_data_01.jpg').
convert('RGB')
img_original = numpy.array(pil_image)
```

```
img_data = pil_to_tensor(pil_image)
singleton_batch = {'img_data': img_data[None].cuda()}
output_size = img_data.shape[1:]
```

　まず、画像の前処理を行なってから、画像をモデルに入力するためのデータ形式に変換しています。

　「ToTensor()」関数により、PIL形式の画像をテンソル形式に変換します。
　また、ピクセル値を[0,1]の範囲にスケーリングしています。

　Normalize()関数により、RGBの平均値と標準偏差を用いて、画像の各チャンネルを標準化します。
　これにより、各チャンネルが同じスケールになり、モデルの学習が安定します。

　open()関数により、画像ファイルをPIL形式で読み込みます。
　convert('RGB')関数により、画像をRGBモードに変換します。
　numpy.array()関数により、PIL形式の画像をNumPyの配列に変換します。
　cuda()関数により、テンソルをGPU上に転送します。
　画像のサイズをimg_dataの形状から取得し、output_sizeに代入します。

　最終的に、singleton_batchは、モデルの入力として用いるための辞書型のデータであり、キーimg_dataには、前処理された画像が1つのバッチに含まれるように拡張されたテンソルが格納されています。
　「cuda()」によって、「img_data」はGPU上に転送されているため、モデルの入力として使えます。

●「#5/5」部分の解説

Segmentationのソースコード その5

```
# 5/5 run
with torch.no_grad():
    scores = segmentation_module(singleton_batch,
segSize=output_size)

# Get the predicted scores for each pixel
_, pred = torch.max(scores, dim=1)
pred = pred.cpu()[0].numpy()
visualize_result(img_original, pred)
```

　学習済みのSemantic Segmentationモデルを使用して、入力画像に対する
セグメンテーション(ピクセルごとのクラス分類)を実行し、結果を可視化しま
す。

　まず、segmentation_moduleを使用して、singleton_batchの入力イメージ
に対するスコア(ピクセルごとの各クラスの確率値)を計算します。torch.no_
grad()ブロック内で実行されるため、自動微分による勾配計算が無効になり、
メモリ使用量が削減されます。

　次に、torch.max()を使用して、最も確率が高いクラスに対応する予測ラベ
ルを求めます。得られた予測はCPUに移動し、Numpy配列として返されます。

　最後に、入力画像img_originalと予測ラベルpredをvisualize_result()関数
に渡して、セグメンテーション結果を可視化します。visualize_result()関数
では、予測ラベルをカラーマップに変換し、元の入力画像と横に並べて表示し
ます。また、オプションのindex引数が指定されている場合は、特定のクラス
の予測結果のみを表示します。

■ Semantic Segmentationへの拡張とそのソースコード

セグメンテーションをセマンティックセグメンテーションへ拡張したソースコードを解説しましょう。

Segmentationのソースコード その6

```
## Semantic Segmentationへの拡張
# 5/5+1 Semantic code
predicted_classes = numpy.bincount(pred.flatten()).
argsort()[::-1]
for c in predicted_classes[:15]:
    visualize_result(img_original, pred, c)
```

予測された各クラスのピクセル数を数え上げ、多い順にソートして、上位15クラスを可視化するものです。

ただし、15クラスだとGPUでも約10分以上時間がかかるので、3クラス、あるいは5クラス程度へ低くすることも必要です。

このコードでは、まず numpy.bincount(pred.flatten()) で、予測されたセグメンテーションマップの各クラスのピクセル数を数え上げています。

これは、pred.flatten() で1次元化した予測マップを、numpy.bincount() で各要素の出現回数をカウントすることで実現されます。

次に、argsort() を使ってピクセル数の降順にソートし、[:15] で上位15クラスだけを取り出します。そして、visualize_result() を使って各クラスのセグメンテーションマップを可視化します。

【参考文献】

01：T.Y. Lin, P. Dollar, R. Girshick, K. He, B. Hariharan, and S. Belongie: Feature pyramid networks for object detection, In Proceedings of the IEEE conference on computer vision and pattern recognition, pp. 2117–2125, (2017)
02：V. Badrinarayanan, A. Kendall, and R. Cipolla: Segnet: A deep convolutional encoder-decoder architecture for image segmentation, IEEE transactions on pattern analysis and machine intelligence, vol. 39, no. 12, pp.

2481-2495, (2017).
03：https://openaccess.thecvf.com/content_CVPR_
2019/papers/Kirillov_Panoptic_Segmentation_CVPR_2019_paper.pdf
04：https://github.com/cedro3/others2/blob/main/DemoSegmenter.ipynb
（Yuichi Sugita）

5-3　セグメンテーションの実行

この節では、「GoogleColaboratory」で、「Segmentation」を行ないます。

■ Segmentationの結果

実際に実行させたColaboratoryの各フレームを掲載していきます。

HeatMapと同様に、Colaboratoryのランタイムを「GPU」して、解析したいファイルを「sample_data」のフォルダの所にドラッグ＆ドロップします。

また、ソースコードはメモ帳で作成し、コピー＆ペーストでColaboratoryのフレームに張り付けて、「Shift+Enter」でした。

```
[1] # 1/5 firstsetup
%%bash
# Colab-specific setup
!(stat -t /usr/local/lib/*/dist-packages/google/colab > /dev/null 2>&1) && exit
pip install yacs 2>&1 >> install.log
git init 2>&1 >> install.log
git remote add origin https://github.com/CSAILVision/semantic-segmentation-pytorch.git 2>> install.log
git pull origin master 2>&1 >> install.log
DOWNLOAD_ONLY=1 ./demo_test.sh 2>> install.log

From https://github.com/CSAILVision/semantic-segmentation-pytorch
 * branch            master     -> FETCH_HEAD
 * [new branch]      master     -> origin/master

[2] # 2/5 Module import
import os, csv, torch, numpy, scipy.io, PIL.Image, torchvision.transforms

from mit_semseg.models import ModelBuilder, SegmentationModule
from mit_semseg.utils import colorEncode

colors = scipy.io.loadmat('data/color150.mat')['colors']
names = {}
with open('data/object150_info.csv') as f:
    reader = csv.reader(f)
    next(reader)
    for row in reader:
        names[int(row[0])] = row[5].split(";")[0]

def visualize_result(img, pred, index=None):
    # filter prediction class if requested
    if index is not None:
        pred = pred.copy()
        pred[pred != index] = -1
        print(f'{names[index+1]}:')

    # colorize prediction
    pred_color = colorEncode(pred, colors).astype(numpy.uint8)

    # aggregate images and save
    im_vis = numpy.concatenate((img, pred_color), axis=1)
    display(PIL.Image.fromarray(im_vis))
```

図5-2　Google ColaboratoryによるSegmentation その1

```
[3] # 3/5 encoder & decoder
    net_encoder = ModelBuilder.build_encoder(
        arch='resnet50dilated',
        fc_dim=2048,
        weights='ckpt/ade20k-resnet50dilated-ppm_deepsup/encoder_epoch_20.pth')
    net_decoder = ModelBuilder.build_decoder(
        arch='ppm_deepsup',
        fc_dim=2048,
        num_class=150,
        weights='ckpt/ade20k-resnet50dilated-ppm_deepsup/decoder_epoch_20.pth',
        use_softmax=True)

    crit = torch.nn.NLLLoss(ignore_index=-1)
    segmentation_module = SegmentationModule(net_encoder, net_decoder, crit)
    segmentation_module.eval()
    segmentation_module.cuda()


      (bn1): SynchronizedBatchNorm2d(256, eps=1e-05, momentum=0.001, affine=True,
    track_running_stats=True)
      (conv2): Conv2d(256, 256, kernel_size=(3, 3), stride=(1, 1), padding=(2, 2), dilation=(2, 2),
    bias=False)
      (bn2): SynchronizedBatchNorm2d(256, eps=1e-05, momentum=0.001, affine=True,
    track_running_stats=True)
      (conv3): Conv2d(256, 1024, kernel_size=(1, 1), stride=(1, 1), bias=False)
      (bn3): SynchronizedBatchNorm2d(1024, eps=1e-05, momentum=0.001, affine=True,
    track_running_stats=True)
      (relu): ReLU(inplace=True)
    )
    (layer4): Sequential(
      (0): Bottleneck(
        (conv1): Conv2d(1024, 512, kernel_size=(1, 1), stride=(1, 1), bias=False)
        (bn1): SynchronizedBatchNorm2d(512, eps=1e-05, momentum=0.001, affine=True,
    track_running_stats=True)
        (conv2): Conv2d(512, 512, kernel_size=(3, 3), stride=(1, 1), padding=(2, 2), dilation=(2, 2),
    bias=False)
        (bn2): SynchronizedBatchNorm2d(512, eps=1e-05, momentum=0.001, affine=True,
    track_running_stats=True)
        (conv3): Conv2d(512, 2048, kernel_size=(1, 1), stride=(1, 1), bias=False)
        (bn3): SynchronizedBatchNorm2d(2048, eps=1e-05, momentum=0.001, affine=True,
    track_running_stats=True)
        (relu): ReLU(inplace=True)
        (downsample): Sequential(
```

＊＊＊ 途中略 ＊＊＊

```
    )
      (conv_last_deepsup): Conv2d(512, 150, kernel_size=(1, 1), stride=(1, 1))
      (dropout_deepsup): Dropout2d(p=0.1, inplace=False)
    )
    (crit): NLLLoss()
)


[4] # 4/5 解析対象ファイルを途中で設定する方法のコード
    ## ここで解析したいファイルを指定する
    pil_to_tensor = torchvision.transforms.Compose([
        torchvision.transforms.ToTensor(),
        torchvision.transforms.Normalize(
            mean=[0.485, 0.456, 0.406], # These are RGB mean+std values
            std=[0.229, 0.224, 0.225]) # across a large photo dataset.
    ])
    pil_image = PIL.Image.open('sample_data/city4.jpg').convert('RGB')
    img_original = numpy.array(pil_image)
    img_data = pil_to_tensor(pil_image)
    singleton_batch = {'img_data': img_data[None].cuda()}
    output_size = img_data.shape[1:]
```

図5-3　Google ColaboratoryによるSegmentation その2

```
[5]  # 5/5 run
     with torch.no_grad():
         scores = segmentation_module(singleton_batch, segSize=output_size)

     # Get the predicted scores for each pixel
     _, pred = torch.max(scores, dim=1)
     pred = pred.cpu()[0].numpy()
     visualize_result(img_original, pred)
```

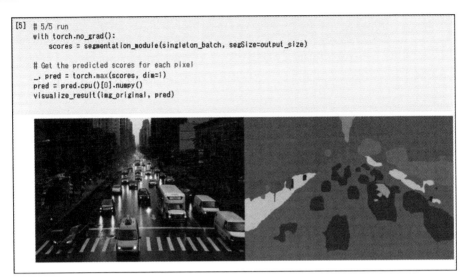

図5-4　Google ColaboratoryによるSegmentation　その3

■ いろいろな画像でSegmentation

　一度、Colaboratoryを動かしたら、データを入れ替えるだけで次々に解析ができます。

図5-5　いろいろな画像でSegmentation

5-3 セマンティック・セグメンテーション

ここでは、「Segmentation」の派生である「Semantic Segmentation」について解説を行ないます。ソースコードは前節に掲載しています。

■ Segmentationの派生モデル

派生モデルの1つに「Semantic Segmentation」があります。

そのイメージを掴みやすいように、「医療用MRI画像」を使った「最先端のSemantic Segmentation」について紹介しましょう。

・**参考コード**

https://japan-medical-ai.github.io/medical-ai-course-materials/
notebooks/05_Image_Segmentation.html , 参考文献04

Semantic Segmentationのコード

```
## SEMANTIC SEGMENTATION
## 医療用MRI画像
## 学習データは医療専門家が画像1枚ごとに教師データを与えラベル付け
##  したものを「GitHub」にアップロードして蓄積データとしてストック


# 01 chainerのインストール
!pip install chainercv

# 02 その他のライブラリのインポート
import chainer
import chainercv
import matplotlib

chainer.print_runtime_info()
print('ChainerCV:', chainercv.__version__)
print('matplotlib:', matplotlib.__version__)

# 03 GitHub上のデータベースへのアクセス
!if [ ! -d train ]; then curl -L -O https://github.com/
mitmul/chainer-handson/releases/download/
SegmentationDataset/train.zip && unzip train.zip && rm -rf
train.zip; fi
!if [ ! -d val ]; then curl -L -O https://github.com/
```

```
mitmul/chainer-handson/releases/download/
SegmentationDataset/val.zip && unzip val.zip && rm -rf val.
zip; fi

# 04
%matplotlib inline

import matplotlib.pyplot as plt
import numpy as np

from PIL import Image

# 05 画像の読み込み_PILライブラリ
img = np.asarray(Image.open('train/image/000.png'))
label = np.asarray(Image.open('train/label/000.png'))

# matplotlibライブラリを使い計算結果を写真表示
fig, axes = plt.subplots(1, 2)
axes[0].set_axis_off()
axes[0].imshow(img, cmap='gray')
axes[1].set_axis_off()
axes[1].imshow(label, cmap='gray')
plt.show()
```

```
[1]  ## Semantic Segmentation
     ## 医療用MRI画像
     ## 学習データは医療専門家が画像1枚ごとに教師データを与えラベル付け
     ## したものを「GitHub」にアップロードして蓄積データとしてストック

     # 01 chainerのインストール
     !pip install chainercv

     Looking in indexes: https://pypi.org/simple, https://us-python.pkg.dev/colab-wheels/public/simple/
     Collecting chainercv
       Downloading chainercv-0.13.1.tar.gz (260 kB)
       |████████████████████████████████| 260 kB 15.4 MB/s
     Collecting chainer>=6.0
       Downloading chainer-7.8.1.tar.gz (1.0 MB)
       |████████████████████████████████| 1.0 MB 55.4 MB/s
     Requirement already satisfied: Pillow in /usr/local/lib/python3.7/dist-packages (from chainercv) (7.1.2)
     Requirement already satisfied: setuptools in /usr/local/lib/python3.7/dist-packages (from chainer>=6.0->chainercv) (5
     Requirement already satisfied: typing_extensions in /usr/local/lib/python3.7/dist-packages (from chainer>=6.0->chaine
     Requirement already satisfied: filelock in /usr/local/lib/python3.7/dist-packages (from chainer>=6.0->chainercv) (3.8
     Requirement already satisfied: numpy>=1.9.0 in /usr/local/lib/python3.7/dist-packages (from chainer>=6.0->chainercv)
     Requirement already satisfied: protobuf>=3.0.0 in /usr/local/lib/python3.7/dist-packages (from chainer>=6.0->chainerc
     Requirement already satisfied: six>=1.9.0 in /usr/local/lib/python3.7/dist-packages (from chainer>=6.0->chainercv) (1
     Building wheels for collected packages: chainercv, chainer
       Building wheel for chainercv (setup.py) ... done
       Created wheel for chainercv: filename=chainercv-0.13.1-cp37-cp37m-linux_x86_64.whl size=538366 sha256=e8675eb689bf2
       Stored in directory: /root/.cache/pip/wheels/d0/25/65/69b903887d07424c5b971f5676f1151b32dc971df0f710097c
       Building wheel for chainer (setup.py) ... done
       Created wheel for chainer: filename=chainer-7.8.1-py3-none-any.whl size=967740 sha256=05c9a0b3af49cbb3ed9d1f0811cbe
       Stored in directory: /root/.cache/pip/wheels/c8/6a/6f/fd563166cc597e5206e375ea074ea836e5db5dd58421215672
     Successfully built chainercv chainer
     Installing collected packages: chainer, chainercv
     Successfully installed chainer-7.8.1 chainercv-0.13.1
```

(途中略)

```
[2]  # 02 その他のライブラリのインポート
     import chainer
     import chainercv
     import matplotlib

     chainer.print_runtime_info()
     print('ChainerCV:', chainercv.__version__)
     print('matplotlib:', matplotlib.__version__)

     Platform: Linux-5.10.133+-x86_64-with-Ubuntu-18.04-bionic
     Chainer: 7.8.1
     ChainerX: Not Available
     NumPy: 1.21.6
     CuPy: Not Available
     iDeep: Not Available
     ChainerCV: 0.13.1
     matplotlib: 3.2.2
```

```
     # 03 GitHub上のデータベースへのアクセス
     !if [ ! -d train ]; then curl -L -O https://github.com/mitmul/chainer-handson/releases/download/SegmentationDataset/t
     !if [ ! -d val ]; then curl -L -O https://github.com/mitmul/chainer-handson/releases/download/SegmentationDataset/va

       % Total    % Received % Xferd  Average Speed   Time    Time     Time  Current
                                      Dload  Upload   Total   Spent    Left  Speed
       0     0    0     0    0     0      0      0 --:--:-- --:--:-- --:--:--     0
     100 7533k  100 7533k    0     0  8946k      0 --:--:-- --:--:-- --:--:-- 8946k
     Archive:  train.zip
        creating: train/
        creating: train/image/
       inflating: train/image/000.png
       inflating: train/image/001.png
```

図5-6　Semantic Segmentation実行例

「セマンティックセグメンテーション」とは、全層畳み込みネットワーク(Fully Convolutional Networks：FCN)と呼ばれ、画像中の画素に対してすべてにクラスを予測させるための手法です。

　セグメンテーションには、下の**図5-7**のように上段右が「semantic segmentation」、下段左が「instance segmentation」、右が「panoptic segmentation」です。

図5-7　Panoptic Segmentationの論文
※出典：https://openaccess.thecvf.com/content_CVPR_2019/papers/Kirillov_Panoptic_
Segmentation_CVPR_2019_paper.pdf

　細部にわたって、細かく「対象が何であるのか」を学習させることには、膨大
な労力と、人材、設備が不可欠になります。

　いかにも簡単に「分類」させているように見えますが、上の図から分かるよう
に、最先端のディープラーニングの研究の領域にまだ「セグメンテーション」は
あるのです。

【 参考文献 】

01：T.Y. Lin, P. Dollar, R. Girshick, K. He, B. Hariharan, and S. Belongie:
Feature pyramid networks for object detection, In Proceedings of the IEEE
conference on computer vision and pattern recognition, pp. 2117-2125,
(2017)

02：V. Badrinarayanan, A. Kendall, and R. Cipolla: Segnet: A deep
convolutional encoder-decoder architecture for image segmentation, IEEE
transactions on pattern analysis and machine intelligence, vol. 39, no. 12, pp.
2481-2495, (2017).

03：https://openaccess.thecvf.com/content_CVPR_
2019/papers/Kirillov_Panoptic_Segmentation_CVPR_2019_paper.pdf

04：https://japan-medical-ai.github.io/medical-ai-course-materials/
notebooks/05_Image_Segmentation.html。
医療従事者向けWebページの利用欄に自由に無料で使えることが記載されています。

第**6**章

応用できるソースコード

この章では、建設系分野の方々にこだわらず、広く応用を行なえるように「Google Colaboratory」を使ったPythonのソースコードを公開します。

データの入力は、すべてのコードをコピーし、最後に「Shift+Enterキー」を押すことで入れられます。

6-1　微細な境界検出(Minute Edge Detection)

物体検出では、コンクリートのひび割れのように微細な亀裂などを検知することで、複数のひび割れ（クラック：crack）の中から修復の優先度を決めることが少なくありません。

コンクリートのひび割れ検出

```
### コンクリートのひび割れの微小エッジ検出
### Google Colaboratory

# ライブラリのインポート
from PIL import Image
import numpy as np
import matplotlib.pyplot as plt
from google.colab import files
import io
from matplotlib.patches import Rectangle
from matplotlib.text import Text

# 画像のアップロード
uploaded = files.upload()
```

```python
# アップロードされた画像の読み込みと表示
for filename, contents in uploaded.items():
    img = Image.open(io.BytesIO(contents))
    plt.imshow(img)
    plt.axis('off')

    # スケールバーの描画
    scale_length = 100  # スケールバーの長さ(ピクセル)
    scale_color = (255, 255, 255)  # スケールバーの色(白色)
    scale_position = (10, 10)  # スケールバーの位置(左上座標)

    scale_bar = np.zeros((10, scale_length, 3), dtype=np.
uint8)  # スケールバーのイメージを生成
    scale_bar[:, :] = scale_color  # スケールバーを指定した色で
塗りつぶす
    img.paste(Image.fromarray(scale_bar), scale_position)
# スケールバーを画像に貼り付け

    # スケールバーの数値を表示
    scale_text = "100 mm"  # スケールバーの数値(具体的な基準数値)
    text_position = (scale_position[0] + scale_length + 10,
scale_position[1])  # 数値の位置(スケールバーの右横)
    plt.gca().add_patch(Rectangle(scale_position, scale_
length, 10, linewidth=0, facecolor='w'))
    plt.gca().add_artist(Text(text_position[0], text_
position[1], scale_text, ha='left', va='center'))

    plt.show()

    # ひび割れの位置を特定し、ひび割れの幅を算出
    img_array = np.array(img)
    gray_img = img_array[:, :, 0]  # グレースケールに変換(RGB画
像の場合)

    # ひび割れ領域の特定(ここでは簡単にしきい値処理を行います)
    threshold = 100  # ひび割れと判断する輝度値の閾値
    crack_pixels = np.where(gray_img < threshold)  # ひび割れ
ピクセルのインデックスを取得

    # ひび割れの位置(左上座標)を取得
```

```python
top = np.min(crack_pixels[0])
left = np.min(crack_pixels[1])

# ひび割れの幅と高さを算出
width = np.max(crack_pixels[1]) - left
height = np.max(crack_pixels[0]) - top

# ひび割れの位置を図示
img_with_cracks = img.copy()
img_with_cracks = img_with_cracks.convert('RGB')
crack_color = (255, 0, 0)  # ひび割れの色（赤色）を指定
for y, x in zip(crack_pixels[0], crack_pixels[1]):
    img_with_cracks.putpixel((x, y), crack_color)

# 画像とひび割れ位置の図示
plt.figure(figsize=(10, 10))
plt.subplot(121)
plt.imshow(img)
plt.title('Original Image')
plt.axis('off')
plt.subplot(122)
plt.imshow(img_with_cracks)
plt.title('Crack Positions')
plt.axis('off')
plt.show()

# ひび割れの位置と幅を出力
print("ひび割れの位置（左上座標）:", (left, top))
print("ひび割れの幅:", width)
print("ひび割れの高さ:", height)
```

ソースコードを Google Colaboratory で実行したものが、次の**図6-1**です。

```python
from PIL import Image
import numpy as np
import matplotlib.pyplot as plt
from google.colab import files
import io
from matplotlib.patches import Rectangle
from matplotlib.text import Text

# 画像のアップロード
uploaded = files.upload()

# アップロードされた画像の読み込みと表示
for filename, contents in uploaded.items():
    img = Image.open(io.BytesIO(contents))
    plt.imshow(img)
    plt.axis('off')

    # スケールバーの描画
    scale_length = 100  # スケールバーの長さ（ピクセル）
    scale_color = (255, 255, 255)  # スケールバーの色（白色）
    scale_position = (10, 10)  # スケールバーの位置（左上座標）

    scale_bar = np.zeros((10, scale_length, 3), dtype=np.uint8)  # スケールバーのイメージを生成
    scale_bar[:, :] = scale_color  # スケールバーを指定した色で塗りつぶす
    img.paste(Image.fromarray(scale_bar), scale_position)  # スケールバーを画像に貼り付け

    # スケールバーの数値を表示
    scale_text = "100 mm"  # スケールバーの数値（具体的な基準数値）
    text_position = (scale_position[0] + scale_length + 10, scale_position[1])  # 数値の位置（スケールバーの右横）
    plt.gca().add_patch(Rectangle(scale_position, scale_length, 10, linewidth=0, facecolor='w'))
    plt.gca().add_artist(Text(text_position[0], text_position[1], scale_text, ha='left', va='center'))

    plt.show()
```

```python
# ひび割れの位置を特定し、ひび割れの幅を算出
img_array = np.array(img)
gray_img = img_array[:, :, 0]  # グレースケールに変換（RGB画像の場合）

# ひび割れ領域の特定（ここでは簡単にしきい値処理を行います）
threshold = 100  # ひび割れと判断する輝度値の閾値
crack_pixels = np.where(gray_img < threshold)  # ひび割れピクセルのインデックスを取得

# ひび割れの位置（左上座標）を取得
top = np.min(crack_pixels[0])
left = np.min(crack_pixels[1])

# ひび割れの幅と高さを算出
width = np.max(crack_pixels[1]) - left
height = np.max(crack_pixels[0]) - top

# ひび割れの位置を図示
img_with_cracks = img.copy()
img_with_cracks = img_with_cracks.convert('RGB')
crack_color = (255, 0, 0)  # ひび割れの色（赤色）を指定
for y, x in zip(crack_pixels[0], crack_pixels[1]):
    img_with_cracks.putpixel((x, y), crack_color)

# 画像とひび割れ位置の図示
plt.figure(figsize=(10, 10))
plt.subplot(121)
plt.imshow(img)
plt.title('Original Image')
plt.axis('off')
plt.subplot(122)
plt.imshow(img_with_cracks)
plt.title('Crack Positions')
plt.axis('off')
plt.show()

# ひび割れの位置と幅を出力
print("ひび割れの位置（左上座標）:", (left, top))
print("ひび割れの幅:", width)
print("ひび割れの高さ:", height)
```

図6-1　コンクリートのひび割れ検出 その3

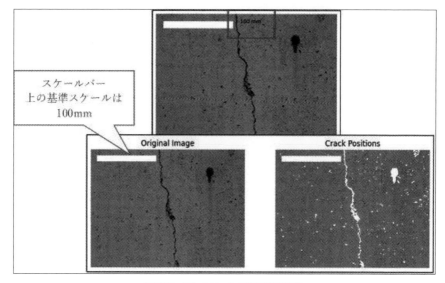

図6-2 コンクリートのひび割れ検出

```
ひび割れの位置（左上座標）: (3, 0)
ひび割れの幅: 255
ひび割れの高さ: 193
```

図6-3 コンクリートのひび割れ検出の末尾のひび割れ長さの算出

図6-4は、他のサンプルで行なった、ひび割れ検出の算出結果です。

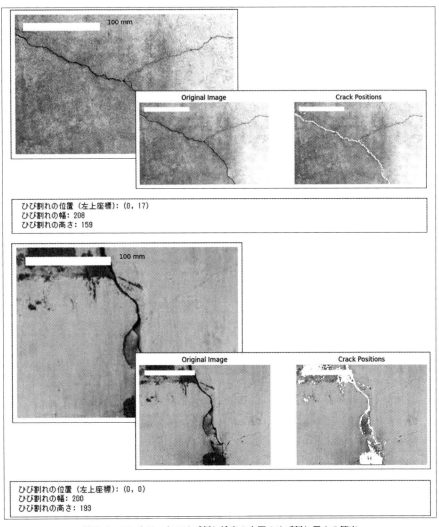

図6-4　コンクリートのひび割れ検出の末尾のひび割れ長さの算出

　データファイルはソースコードをすべてコピーし、最後に「Shift+Enter」キーを押すと、次のようにファイルの選択ボタンが出てきます。

　任意のドキュメントなどに保存している画像写真を選ぶことでひび割れ検出を次から次へと行うことができます。

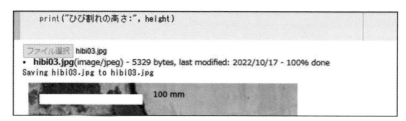

図6-5　データファイルを入れる部分

ここからは、検出結果部分のみを掲載します。

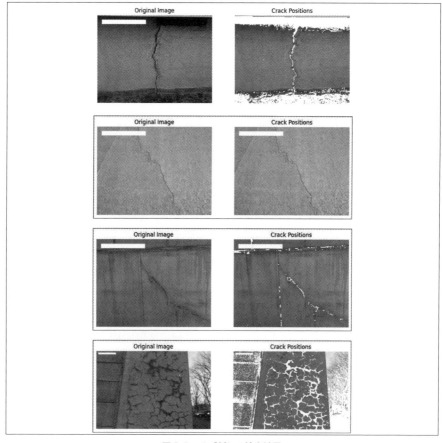

図6-6　ひび割れの検出結果

　各画像写真の左上は「スケールバー」です。

　実際の実務では、基準となるスケールを対象コンクリートに張り付けるなど
をしてから解析の計算をして十分検証を行う必要があります。

　図6-6の末尾では外部の樹木が「ひび」として検出されています。このため、
応用に当たっては、何度か試行錯誤を行って使うようにして下さい。

6-2　　自己組織化マップ

　微細な「コンクリートひび割れ」などの現象を把握する技術は非常に多くの研
究・技術開発が行なわれています。

　図6-2で掲載したコンクリートのひび割れの検出などは、（国立研究開発法人）
新エネルギー・産業技術総合開発機構や民間企業などがAIを用いた検出技術
としてソフトの市販なども行なっています。

　しかしながら、2012年12月2日に中央自動車道上り線の笹子トンネルで発
生した「笹子トンネル天井版落下事故」では9人もの尊い命が犠牲になり、その
後全国でのインフラの整備点検が加速していったことは多くの人が知っている
ことです。

　なんとかこのような事故を未然に防ぐためにもインフラの点検は急務となっ
ていますが、天井知らずの予算があるわけではありません。

　つまり、危険度の高いものから優先的に改善の実施が求められますが、コン
クリートのひび割れ、土砂崩壊の危険個所、河川の越流・氾濫、地震への備え
など対象とする領域はとてつもなく大きく幅が広いといえます。

　このような中、微細な危険を検知する手法の開発が急がれますが、この
Ap-2で解説する「自己組織化マップ」は、建設系、都市系、土木系のみならずマー
ケティング、自治体サービス、販促事業戦略、経済分析、地域活性化などの幅
の広い分野で応用が可能です。

　土木のコンクリート領域で多田祐希らの研究（**参考文献01**）は、応用への有

用性を期待できる自己組織化マップ (**参考文献02**) として今後実用化が望まれる研究といえます。

　こうした研究は、土木領域だけでなく幅広い分野への応用が期待できる手法のため、応用可能なプログラム (Pythonによるソースコード) を使って研究レベルではありませんが、マーケティング分野の例題を使って解いてみたいと思います。

■自己組織化マップ

　自己組織化マップはコホーネン (Teuvo Kalevi Kohonen、フィンランド、計算機工学者、1934-2021) によって提唱された「教師なしニューラルネットワーク」で、「競合・協調・適合」というプロセスの繰り返しを行なう学習モデルとして知られています。

　コホーネンの自己組織化マップ (Kohonen's Self-Organizing Map) の理論式は以下のように表わされます。

$$J = -\frac{1}{2}\sum_{i=1}^{n}\sum_{j=1}^{m}\left(w_{ij} - d_{ij}\right)^2$$

J：コスト関数(ニューロン接続とデータポイント間の差の二乗)

w_{ij}：neuron i と neuron j 間の接続重み

d_{ij}：データポイント i とデータポイント j のユークリッド距離

　基本的な計算の流れは、まず初期化し、ニューロン(ユニット)の位置をランダムに初期化する、つまり、ニューロンの重みベクトルをランダムに初期化します。

　学習段階では、入力データからランダムにサンプルを選び、選択したサンプルと各ニューロンの重みベクトルの距離を計算し、もっとも近いニューロン(勝者ユニット)を特定していきます。

　そして、勝者ユニットとその近傍のユニットの重みベクトルを更新します。

　更新された重みベクトルに基づいて、勝者ユニットの近傍の影響範囲内のユニットも更新されていきます。

　入力ベクトル を「X」としてさらに流れを概説しましょう。
　各ニューロンの重みベクトル「W_{ij}」と入力ベクトル「X」の距離を計算し、もっとも近いニューロン（勝者ユニット）を特定します。
次に、勝者ユニットの重みベクトル「W_{ij}」を更新していきます。

$$W_{ij} \text{ (new)} = W_{ij} \text{ (old)} + \eta(t) * h(c, i, j) * (X - W_{ij} \text{ (old)})$$

$\eta(t)$：学習率（時間変化する学習率）
$h(c, i, j)$：勝者ユニットと近傍ユニットとの距離の近傍関数（ガウシアン関数など）
X：入力ベクトル

　さらに、勝者ユニットの近傍ユニットの重みベクトルも更新します。

　また、グラフ化された色の濃さは、各ニューロンの競合距離 (competitive distance) を表しています。自己組織化マップでは、各データが最も近いニューロンに勝者として選ばれるというアルゴリズムになっています。

　競合距離は、データとニューロンの間の距離の指標で、各ニューロンの近傍領域 (neighborhood) の大きさや学習率 (learning rate) に基づいて計算されます。競合距離が小さいほど、そのニューロンが入力データに近いことを意味し、濃い色で表示されます。

　具体的には、濃い色は競合距離が小さい領域を表し、そのニューロンがデータにより近くマッピングされていることを示します。

　一方、薄い色は競合距離が大きい領域であり、そのニューロンがデータに対してより遠くマッピングされていることを示しています。

　つまり、色の濃淡を通じて、データがどの領域に集中して配置されているのか、ニューロン間の距離の差異を視覚的に把握することができます。

*

実際に、次のコンビニのデータを使って、解析を行なってみましょう。

表6-1　ある地域のコンビニのデータ

	A	B	C	D	E	F	G
1	店舗名	駐車台数	売場面積	酒類比率	単身世帯	売上額	
2	店舗_01	10	45	40	1450	1500	
3	店舗_02	5	35	30	1150	1200	
4	店舗_03	7	35	30	1250	1300	
5	店舗_04	3	32	20	980	1000	
6	店舗_05	8	40	35	1352	1400	
7	店舗_06	5	35	30	1123	1200	
8	店舗_07	5	40	40	1332	1400	
9	店舗_08	2	30	20	895	900	
10	店舗_09	4	32	30	1176	1100	
11	店舗_10	5	35	30	1153	1200	
12	店舗_11	4	32	25	1065	1100	
13	店舗_12	3	32	20	982	1000	
14	店舗_13	3	32	20	895	1000	
15	店舗_14	6	35	35	1258	1300	
16	店舗_15	8	40	40	1356	1400	
17	店舗_16	10	45	40	1367	1500	
18	店舗_17	5	35	30	1100	1200	
19							

　自己組織化マップの解析を行なった後に、ある店舗を「改善」するとどのような状態になるのかも末尾でシミュレーションしてみます。

　プログラミング（Pythonではソースコードと呼びます）をメモ帳で作ったものを示しておきます。ソフトは、Google Colaboratoryを使っています。

自己組織化マップ.txt - メモ帳

ファイル(F) 編集(E) 書式(O) 表示(V) ヘルプ(H)

```
### Kohonen's self-organizing MAP
### Google Colaboratory

!pip install minisom

import numpy as np
import pandas as pd
from sklearn.preprocessing import MinMaxScaler
from minisom import MiniSom
import matplotlib.pyplot as plt
from io import StringIO
from google.colab import files

# データのアップロード
uploaded = files.upload()
filename = next(iter(uploaded))

# データの読み込み
data = pd.read_csv(StringIO(uploaded[filename].decode('utf-8', errors='ignore')), encoding='utf-8')

# 数値データの選択
numeric_data = data.iloc[:, 1:]

# データの正規化
scaler = MinMaxScaler()
normalized_data = scaler.fit_transform(numeric_data)

# マップのサイズ
map_width = 10
map_height = 10

# ニューロンの数
neuron_num = map_width * map_height

# 自己組織化マップの初期化
som = MiniSom(map_width, map_height, normalized_data.shape[1], sigma=1.0, learning_rate=0.5)

# トレーニング
som.pca_weights_init(normalized_data)
som.train_batch(normalized_data, 100, verbose=True)

# マップ上の各ニューロンの勝者を取得
winners = np.array([som.winner(x) for x in normalized_data])

# プロット
plt.figure(figsize=(8, 8))
pcolor_map = plt.pcolor(som.distance_map().T, cmap='bone_r')
plt.colorbar(pcolor_map)

# ニューロンに勝ったデータをプロット
for i, (x, y) in enumerate(winners):
    plt.text(x + 0.5, y + 0.5 + i * 0.1, str(i+1), color='red', ha='center', va='center', fontsize=12)

plt.xticks(np.arange(0.5, map_width + 0.5, 1), fontsize=8)
plt.yticks(np.arange(0.5, map_height + 0.5, 1), fontsize=8)
plt.xlabel('X', fontsize=10)
plt.ylabel('Y', fontsize=10)
plt.title('Kohonen Self-Organizing Map', fontsize=13)
plt.show()
```

58 行、53 列 100% Windows (CRLF) UTF-8

図6-7　Kohonen's self-organizing MAPのソースコード

個々のコードはかなり難しいですが、最初は写しながら練習しましょう。
このコードをGoogle Colaboratoryで動かしたものを掲載します。

実際の結果と、数値データに手を加えシミュレーションしたものを掲載します。

図6-8 Kohonen's self-organizing MAP を Google Colaboratory で動かす

実際の結果と、数値データに手を加えシミュレーションしたものを掲載します。

表6-2　ある地域のコンビニのデータのシミュレーション用データ

	A	B	C	D	E	F
1	店舗名	駐車台数	売場面積	酒類比率	単身世帯	売上額
2	店舗_01	10	45	40	1450	1500
3	店舗_02	5	35	30	1150	1200
4	店舗_03	7	35	30	1250	1300
5	店舗_04	3	32	20	980	1000
6	店舗_05	8	40	35	1352	1400
7	店舗_06	5	35	30	1123	1200
8	店舗_07	5	40	40	1332	1400
9	店舗_08	2	30	20	895	900
10	店舗_09	4	32	30	1176	1100
11	店舗_10	5	35	30	1153	1200
12	店舗_11	4	32	25	1065	1100
13	店舗_12	3	32	20	982	1000
14	店舗_13	3	32	20	895	1000
15	店舗_14	6	35	35	1258	1300
16	店舗_15	8	40	40	1356	1400
17	店舗_16	10	45	40	1367	1500
18	店舗_17	15	35	30	1100	1400

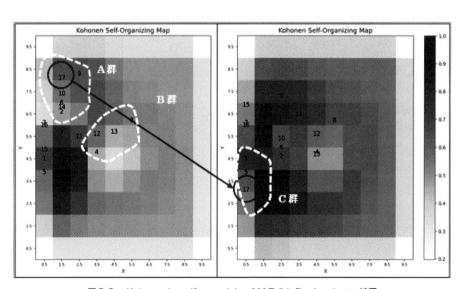

図6-9　Kohonen's self-organizing MAPのシミュレーション結果

シミュレーションの結果は、**図6-9**の左が最初のデータで右がデータに手を加えたシミュレーションの結果の「自己組織化マップ」です。

　図6-9の左側は、「A群」と「B群」を囲ってみました。「A群」は「店舗17（図上の17）」を含み、**表6-3**の左側の「A群」で売り上げが概ね1000万円/月の集まりの群です。

　それを「店舗17」の駐車台数を「5 ➡ 15」に変えて、売上を「1200 ➡ 1400万円/月」に変えると**図6-9**の右図のように「C群（1400から1500万円/月）」へと変わることができました。

　実際の売上予測は、AIのMLP（多層パーセプトロン）、SVM（サポートベクターマシン）などで予測ができますので、本来は売上予測をしてデータをシミュレーション用に直して使います。

表6-3　A群（うすい灰色）とB群（濃い灰色）

	A	B	C	D	E	F
1	店舗名	駐車台数	売場面積	酒類比率	単身世帯	売上額
2	店舗_01	10	45	40	1450	1500
3	店舗_02	5	35	30	1150	1200
4	店舗_03	7	35	30	1250	1300
5	店舗_04	3	32	20	980	1000
6	店舗_05	8	40	35	1352	1400
7	店舗_06	5	35	30	1123	1200
8	店舗_07	5	40	40	1332	1400
9	店舗_08	2	30	20	895	900
10	店舗_09	4	32	30	1176	1100
11	店舗_10	5	35	30	1153	1200
12	店舗_11	4	32	25	1065	1100
13	店舗_12	3	32	20	982	1000
14	店舗_13	3	32	20	895	1000
15	店舗_14	6	35	35	1258	1300
16	店舗_15	8	40	40	1356	1400
17	店舗_16	10	45	40	1367	1500
18	店舗_17	5	35	30	1100	1200

	A	B	C	D	E	F
1	店舗名	駐車台数	売場面積	酒類比率	単身世帯	売上額
2	店舗_01	10	45	40	1450	1500
3	店舗_02	5	35	30	1150	1200
4	店舗_03	7	35	30	1250	1300
5	店舗_04	3	32	20	980	1000
6	店舗_05	8	40	35	1352	1400
7	店舗_06	5	35	30	1123	1200
8	店舗_07	5	40	40	1332	1400
9	店舗_08	2	30	20	895	900
10	店舗_09	4	32	30	1176	1100
11	店舗_10	5	35	30	1153	1200
12	店舗_11	4	32	25	1065	1100
13	店舗_12	3	32	20	982	1000
14	店舗_13	3	32	20	895	1000
15	店舗_14	6	35	35	1258	1300
16	店舗_15	8	40	40	1356	1400
17	店舗_16	10	45	40	1367	1500
18	店舗_17	15	35	30	1100	1400

　この「自己組織化マップ」は、いわゆる対象を「似たもの同士に分類」する手法として使われますが、今回の例のように、さまざまなシミュレーションへ応用ができます。

■さらに高度な技術への応用をするために （波で考えるという発想）

　自己組織化マップは、土木構造物のコンクリートのひび割れなどの解析への応用が期待されていますが、実はこうした応用化への架け橋は「波で捉える発想」にあります。

　土木、都市、経済、医学、環境などの広い分野では、直接的に「影響被害」の原因を探るためにさまざまな探査方法があります。

　たとえば、弾性波（物性値：弾性波速度、弾性定数）、地中レーダ（誘電率）、重力（密度）、磁気（磁気率、帯磁率）、電気（比抵抗、分極性）、電磁（誘電率、導電率、透磁率）、放射能（放射能、放射能強度）、地温（温度、熱量）などの探査がありますが、よく考えてみますと、すべてを「波」として「状態の代替表記」ができます。

　この波は、「時間変化 ⇔ 周波数変化」として捉えることで、対象のコンクリートのひび割れ、医学の癌の進行等も、「優先的に対処を講じる重要情報」にすることができます。

　たとえば、本書のテーマである「画像」も次の図のように考えることで、対象が何であるのかなどのAI技術へ応用ができます。

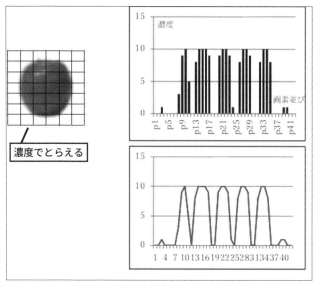

図6-10　画像を並みでとらえる（pはpixel）

　図6-10は「リンゴ」を捉えた画像を「濃度」という視点で見ていきますと、「波」の状態として捉えることができます。

　コンクリートのひび割れを探査する「電磁波」も波としての反応負荷として時間変化として捉えることができるので、それを「周波数変化」へ変換することで、「大きな負荷、微細な負荷、その中庸の負荷」などのように分解することができます。

　具体的な手法は、**図6-11**のように「フーリエ変換」を用います。そうすることで、ひび割れなどの状態を周波数領域での特徴化を行うことができるようになります。

　この電磁波などでは、音波などの「周波数帯」として特徴抽出ができますが、画像写真などの場合は。「濃度」を分解する「空間周波数」という考え方で行ないます。
　いわゆる「スペクトル分解・スペクトル解析」と呼ばれるものです(**参考文献03**)。

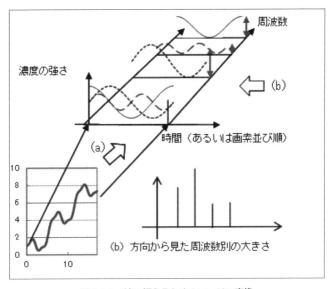

図6-11　波で捉えるためのフーリエ変換

　いったん波で捉えることができれば、それらがどのような特徴を持つ群などかの分類へ自己組織化マップなどを使う事で、「優先的に対処する部位の抽出」に役立つことができます。

　また、自己組織化マップは本来、「教師なし学習」のアルゴリズムですが、ひび割れの状態を実験・現場観測等によって「（対象がどのような状態であるのかという）教師データ」を与えることができれば、「機械学習・AI」によって予測評価することができるようになります。

　ただ、その客観的根拠を確立するにはかなりの労力を要します。

　さまざまな現象・事象は、視点を変えて考えてみれば、「ほぼすべてを波として捉えることができる」ということです。何らかの変化を探るには「波」は大きな指針となります。

【 参考文献 】

01：多田祐希・三浦泰人・中村 光：自己組織化マップを用いた電磁波レーダによる内部ひび割れ領域ならびに鉄筋腐食領域の検出に関する研究，土木学会論文集E2（材料・コンクリート構造），Vol.76，No.3，158-170，2020.

02：Teuvo Kohonen：Self-Organized Formation of Topologically Correct Feature Maps，Biol. Cybern. 43, 59-69 (1982)

03：和田尚之：「機械学習」と「AI」のはなし，工学社，2020.9.25.

6-3 自己組織化臨界状態理論から「機械学習・AI」への拡張

前節とよく混同されるものに「P.Bakの自己組織化臨界状態理論」があります。

彼の研究でよく知られているのが、「砂山モデル」(Sand-Pile MODEL) があります。

砂を上から平坦な場所へどんどん落としていくと、あるところで山はそれ以上大きくならず、落ちていく砂はどんどん崩落する。
つまり、いくら砂を落としても、ある所までしか大きくならず、ある点 (これを臨界点：Critical point と呼びます) を境に別な状態を形成するというモデルです。

この理論は、すでに地震現象の解析、火山の噴火現象、魚群の群れの大きさなどの現象や都市の解析などに応用されています。

また、コンクリートのひび割れのモデル化や、土砂崩壊の危険度探査、トンネルのひび割れ、橋梁の劣化度探査、河川越流の早期探査や医学・病理学の腫瘍の進行解明などの分野へも応用が期待されています。

■自己組織化臨界状態理論

自己組織化臨界状態理論は、P.Bak (Per Bak, デンマーク, 理論物理学者, 1948-2002) らによって1987年に提唱された理論です。
その理論はフラクタル理論のハウスドルフ次元という基礎概念の上に立脚しており、理論はかなり難しいといえます(**参考文献01、02**)。

ハウスドルフ次元とは、1918年にドイツの数学者のFelix Hausdorffの位相空間の研究による位相空間の次元で、中でも点集合の外測度は後のフラクタル理論の重要な役割を担う考え方です(**参考文献16**)。
また、「外測度」(Outer measure) というのは、与えられた集合に対して、すべての部分集合に対して定義される集合関数を指します。
概ねの概念をざっくり紹介しておきます。

全体の状態空間量を構成する負荷量を集合Xとして、それらが長さdの正方形Sで被覆（cover）されるものとして考えますと、全体が$N(d)$個で近似できると考えれば、このXのHausdorff s-次元外測度　$M^s(X)$ は、コンパクト集合を全体の系の集合として捉える次元外測度と呼ばれるものになります。

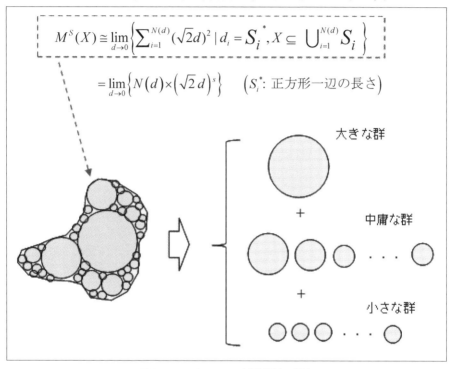

$$M^S(X) \cong \lim_{d \to 0}\left\{\sum_{i=1}^{N(d)}(\sqrt{2}d)^2 \mid d_i = S_i^*, X \subseteq \bigcup_{i=1}^{N(d)} S_i\right\}$$

$$= \lim_{d \to 0}\left\{N(d)\times(\sqrt{2}d)^s\right\} \quad (S_i^*: 正方形一辺の長さ)$$

大きな群

＋

中庸な群

・・・

＋

小さな群

・・・

図6-12　ハウスドルフ次元外測度の概念

「｜○｜△｜」にある「｜」（バー）は、「集合の内包的記法」と呼ばれるものです。
　左側の「○」を、全体を代表する「代表元」と言い、右側の「△」は、その代表元の「満たすべき条件」を指します。

　つまり この式は、

「$d_i = S_i^*$」の Si（ここでは正方形の要素で）において、その一辺の長さ「di」

と、いう条件を指しています。

「$\sum_{i=1}^{N(d)} (\sqrt{2}\,d)^2$」の「$(\sqrt{2}\,d)^2$」という長さ$d$の正方形で、「$\sum_{i=1}^{N(d)}$」のように、「i=1番目から全部の$N$個（一辺の長さ$d$）」が代表する「元」（げん）と言います。

それを「$\lim\limits_{d \to 0}$」のように「極限（lim）」の「dから0に向けて」操作を行ない、その状態を「$M^s(X)$：ハウスドルフ次元外測度」に「$\cong$」（チルダ・イコール：近似で等しい）で表します。

そして、上式において、ある数 s_0 に対して、

$$N(d) = \mu \cdot d^{-s_0} \qquad (\mu\text{は正の定数})$$

という比例関係がある場合、「s_0」がXの「Fractal次元」と呼びます。
次に、この式の両辺に対して対数をとります。すると、

$$\log N(d) = -S_0 \log d + \log \mu$$

という対数式にすることができます。

つまり、イメージとして「y＝－ax+b」をイメージすれば、x軸のヨコ軸とy軸のタテ軸に対して、対象の図の左から「右肩下がりの線」で表現できるということです。

■自己組織化臨界状態理論を行なうための準備

自己組織化臨界状態理論を行なっていく前に、少し例題データを使って考える幅を広げる準備をしましょう。

次のグラフは、実在するある民間企業の株価の推移です。この波形は、コンクリートの奥に潜むひび割れなどの状態を概観する弾性波レーダー波として考えてみることもできます。

いわゆる「波の波動」のことですが、電気、電磁、放射線などの「波」を照射することで、対象物体に何らかの「異なるもの」があれば、波はそれを反映した波形になります。

この「波」さえつかめれば、さまざまな判断を下すための材料になります。

図6-13　ある民間企業の株価の変動

まず、この状態を何らかの「群」があるのかを探ってみます。

図6-14　自己組織化臨界状態理論を行うための準備解析

133

　このPythonのソースコードは、自己組織化臨界状態を解析するためのコードではないので、気を付けましょう。

　今までもそうですが、Pythonを初学者が使っていくためには、メモ帳でコードを作成し、それをGoogle Colaboratoryにコピペして動かすことが便利です。

　全部のコードをコピーし、最後の「plt.show()」のあとで、「Shift+Enter」でRunが始まります。そして途中で、データの入ったファイルを選択するように選択ボタンが出ます。

　次は、このコードをGoogle Colaboratoryで動かしたものです。

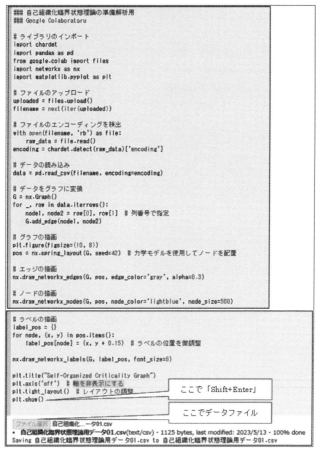

図6-15　Google ColaboratoryでのRun

準備計算の結果です。

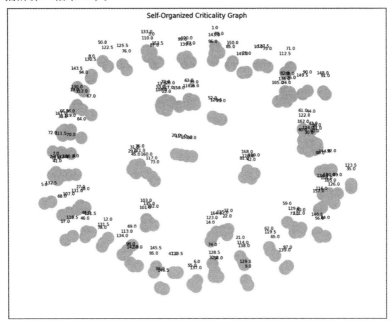

図6-16　自己組織化臨界状態理論の準備計算の結果

　上の計算結果を見ると、図中の楕円の破線部のように何らかの「群」（と思われる）塊が出来ています。

　これは、冒頭の例題のグラフにあった「大きな波」（何らかの大きな影響を受けている部分）と「小さな波」、それにそれらの間の「中庸な波の部分」と考えることができます。

　また、ここでの図中の数値は株価変動で何円であったかの数値データです。
　つまり、ここまでくれば、「問題の波」を解くことができるわけです。

　具体的に解く方法は、今回の「SOC」の他にも、「SOM：自己組織化マップ」「多変量解析法」「機械学習・AI」（もちろんDeep Learningも含まれます）など、さまざまなアプローチができます。
　今回は、自己組織化マップは「教師なし学習」であるため、「教師あり学習」への拡張を考えていく方法についてさらに解説していきます。

■波動処理　（音の周波数で捉える考え方）

　例題のデータを、自己組織化臨界状態理論で「音の周波数の考え方」で波動処理したものを次の図に示します（詳細な解き方は**参考文献15**）。

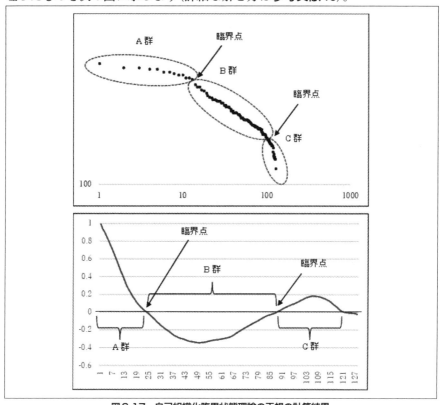

図6-17　自己組織化臨界状態理論の正規の計算結果

　図6-17の上図は「自己組織化臨界状態理論」に基づく自己組織化表現で、下図はそのデータをもとにした「自己相関関数」で解いたものです。

　理論は高度ですが、使い方は参考文献に詳しく解説していますので、初学者であっても何度かやってみれば使えるようになります。

　ここでのポイントは、「群との境に臨界点が存在」することです。この臨界点を見つければ優先的に対処を要する部分が特定されます。

■画像処理　（空間周波数で捉える考え方）

　画像処理で捉えていくためには、**図6-18**の「ImageJ（または Image Fiji）」で画像を画素のデータにします。

　カラーデータでもできますが、ここでは、大きなデータを扱い際に AI ではよく使われる「グレースケール値データ」を使います（使い方は**参考文献13**）。

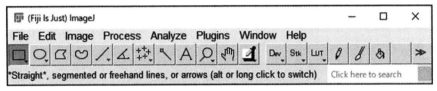

図6-18　ImageJ（または Image Fiji）

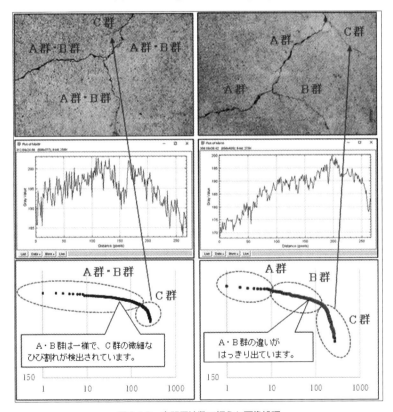

図6-19　空間周波数で捉えた画像処理

　具体的なコンクリートのひび割れ画像から、弾性波などの「波形データ」ではない、画像写真からの空間周波数というアプローチです。

　これで、「音の波形というデータ」、「画像の濃度というデータ」も実は、ほとんどが、「波の波形」で捉えられるということがお分かり頂けたのではないでしょうか。

■機械学習・AIで捉える拡張

　機械学習・AIでひび割れの予測評価をする「ひとつの方法」を試みたいと思います。具体的に用いるツールはWeka3.8.6を使います。
　AI予測をするためには、予測したい部分を「?（半角英数)」でいれます。

　具体的な解析方法は、すでに**第3章第2節**で解説していますので、ここでは要点のみを解説しましょう。

	EL	EM	EN	EO	EP	EQ	ER	ES	ET	EU	EV	EW	EX
1	no142	no143	no144	no145	no146	no147	no148	no149	no150	no151	no152	no153	class
2	139.5483	139.9198	142.4718	143.5865	140.2423	140.1967	137.3934	137.3169	140.2022	140.8525	137.7869	138.2095	3mm
3	194.3737	193.0444	193.6	190.6202	191.1394	191.8444	194.9939	191.3475	196.7455	196.4747	199.0121	197.8869	2mm
4	217.3111	216.8926	216.8259	217.0481	215.963	216.1889	215.6685	214.2463	213.1426	211.9815	211.4333	211.9482	3mm
5	162.8865	162.3309	162.0676	162.128	162.3237	161.6473	162.2995	162.128	161.0314	160.686	161.2271	161.6063	3mm
6	193.7972	194.649	195.1146	193.2892	192.3739	189.8554	191.3739	192.3633	194.2416	195.7319	194.5785	194.5362	1mm
7	208.6314	208.6784	208.6314	208.4784	208.3784	208.0137	207.5157	207.0196	206.7157	206.649	206.5686	206.302	1mm
8	162.3941	159.5639	153.2012	150.8616	153.8428	157.7966	160.4004	161.0252	161.2348	162.6834	164.5556	166.3962	1mm
9	163.8622	165.3578	165.6289	163.6711	163.66	164.0467	165.22	163.1333	161.2067	163.7533	163.2267	163.4933	3mm
10	196.7832	193.3599	192.6442	194.7219	197.2761	193.1513	193.274	196.1513	190.1697	194.4029	194.4581	193.9427	2mm
11	192.7955	191.267	189.8807	187.3068	188.5947	186.625	188.5739	188.9489	191.5739	190.4318	190.3011	189.8977	2mm
12	190.1515	189.7538	192.0038	188.3333	189.6913	192.2481	190.7652	189.6515	187.5322	188.5303	186.3674	188.072	?

図6-20　コンクリートのひび割れの予測評価をする試行データ（図3-1再掲）

　第3-2節で解説した方法は、画像写真をImageJによって「グレースケール化」したデータを用いて「画像写真を波の波形データへ変換」したという方法です。

　その数値化されたデータを、**図6-20**のように、「class（教師データ）」を実際に計測したコンクリートのひび割れの幅として「1mm、2mm、3mm」などの教師データとして与えます。

　この方法では、別段、「自己組織化マップ」や「自己組織化臨界状態理論」を使っているわけではありません。

　機械学習・AIは、できるだけ多くの「学習データ」を集めることで正答率を上げることができます。

　あとは、その教師データがしっかりした第三者にも検証可能な方法で教師データ化することで、信頼性が向上し、より実際の実務への反映ができるようになります。

　要は、データ化するためにいかに幅の広い視点で考えるかに尽きます。

【 参考文献 】

01：P.Bak, C.Tang, and K.Wiesenfeld：Self-Organized Criticality. An explanation of 1/f noise. Phys.Rev. lett.59.381-384.1987.7.

02：P.Bak, C.Tang, and K.Wiesenfeld：Self-organized criticality. Phys. Rev. A38. 364-374. 1988.7.

03：K.R.Gabriel：The biplot graphic display of matrices with application to principal component analysis, Biometrika, 58,3,p453-467, 1971.6.

04：和田尚之, 奥谷 巖：時間依存の影響量を考慮しない商空間の特性定量化手法の研究（地域分析における自己組織化臨界状態に関する応用研究・その1）, 日本建築学会計画系論文集, 第557号, pp.225-231, 2002.7.

05：和田尚之, 奥谷 巖：時間依存の影響量を考慮した商空間の特性定量化手法の研究（地域分析における自己組織化臨界状態に関する応用研究・その2）, 日本建築学会計画系論文集, 第563号, pp.187-193, 2003.1.

06：和田尚之, 奥谷 巖：歴史的建築群と樹木群の自己組織化臨界状態解析 日本計算工学会,Transactions of JSCES,PaperNo.20010047,2001.12.21.

07：和田尚之, 奥谷 巖：α波・β波を用いた都市景観の自己組織化臨界状態解析, 日本計算工学会,Transactions of JSCES,Paper No.20020020,2002.7.26.

08：和田尚之：松本市における土地利用の自己組織化臨界状態解析 （地域分析における自己組織化臨界状態に関する応用研究・その3）, 日本建築学会計画系論文集, 第642号, pp.1787-1793, 2009.8.

09：和田尚之：長野県の主な観光地利用者数の自己組織化臨界状態解析 （地域分析における自己組織化臨界状態に関する応用研究・その4）, 日本建築学会計画系論文集, 第649号, pp.651-657, 2010.3.

10：和田尚之：長野市の中山間道をモデルにした道路安全性の自己組織化臨界状態解析（地域分析における自己組織化臨界状態に関する応用研究・その5）, 日本建築学会計画系論文集, 第654号, 2010.8.

11：和田尚之, 長野県商業統計から見た市町村の自己組織化臨界状態解析 （地域分析における自己組織化臨界状態に関する応用研究・その6）, 日本建築学会計画系論文集,第76巻,第662号,2011.4.

12：和田尚之，機械学習コレクション Weka入門、工学社、2019.8.30.

13：和田尚之，「機械学習」と「AI」のはなし、工学社、2020.9.25.

14：和田尚之，実務のための「機械学習」と「AI」，工学社，2021.5.30.

15：和田尚之，機械学習・AIのためのデータの自己組織化，工学社，2022.7.25.

16：和田尚之，数学千夜一夜，工学社，2023.6.30.

16：ベンワー・マンデルブロ（広中平祐監訳），フラクタル幾何学，日経サイエンス社，1994.9.（第9刷）

第**7**章

AIはどこまで進化するのか

この章では、最新の対話型大型言語処理AI「ChatGPT」を
使って、どのようなことができるのかを紹介します。

7-1　ChatGPT（対話型大型言語処理AI）

「ChatGPT」（Chat Generative Pre-trained Transformer）は米国の
「OpenAI」が2022年11月にリリースした対話型の大型言語処理AIで、チャットができるAIロボットです。

本来は「Generative AI」（生成AI）と呼びますが、本書では、AIによってチャットをするAIロボットのイメージから、このように呼びます。

わずか公開後5日間で100万人のユーザー登録を達成したという世界が注目する新しいAIシステムと言えます。

まず、Google Chromeで事前登録を済ませて、登録終了してから、

https://openai.com/blog/chatgpt/

にアクセスします。

登録方法はここでは割愛しますが、実際の研究現場や実務では論文・報告書への活用がすでにされています。

図7-1　ChatGPTの画面

　左下の「TRY CHATGPT」をクリックすると、右上に英語と日本語の選択が現われます。

　英語版であっても、日本語で入力すれば、日本語の回答が返ってきます。

　言語種類は約100実装されていて、対話(チャット)での継続利用が可能です。

図7-2　ChatGPTの画面(この画面が立ち上がるとき英語・日本語の表示が出る)

ChatGPT：無償版（ある期間まで）
ChatGPT Plus：有償版
Dark Mode：画面をダークモードにする

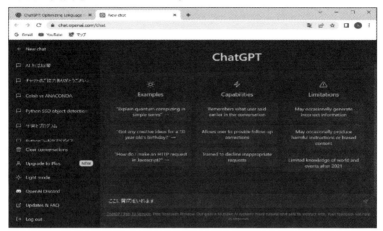

図7-3　ダークモード

　質問の記載が終わったら、右端のアイコンをクリックします。

　質問事項には、「Pythonの画像処理のソースコードを教えて」「画像写真を
○○風に仕上げるコードがほしい」などがあり、数秒程度でかなりしっかりし
た回答が返ってきます。

　ただ、画像の写真の参考データをWebサイトで検索するコードには、すで
に検索ができないものがあり、実際にPythonで動かした時には、エラーが起
きることがあります。

　Pythonのソースコードは使用するプラットフォームを「Google
Colaboratory」でやるのか「Anaconda Jupyter Notebook」でやるのかについて
「ChatGPT」に聞きました。

Google ColaboratoryとANACONDA Jupyter Notebookの違い ← これが質問

 Google Colaboratory (Colab) は、Googleが提供するクラウドベースのノートブック環境
で、ブラウザからアクセスして利用することができます。一方、ANACONDA Jupyter
Notebookは、AnacondaというPythonのデータサイエンスプラットフォームに含まれる
Jupyter Notebookをローカルにインストールして利用する方法です。

Colabは、無料で利用でき、Googleが提供するCPUやGPU、TPUなどのハードウェアリソー
スを利用することができます。一方、ANACONDA Jupyter Notebookは、自分のPCのリ
ソースを利用するため、PCのスペックに依存します。

また、Colabは、Googleが提供する多くのライブラリやパッケージを事前にインストールしてい
るため、すぐに利用することができます。ANACONDA Jupyter Notebookも多くのパッケー
ジを含んでいますが、必要なパッケージを自分でインストールする必要があります。

一般的に、Colabはデータサイエンスの初心者や教育目的に向いていると言えます。
ANACONDA Jupyter Notebookは、より高度なデータサイエンスの開発や実行に向いて
いると言えます。

 土木分野でのAIは具体的にどのように応用されますか ← これが質問

 土木分野でのAIの応用は多岐にわたります。以下はいくつかの例です。

1. 工事現場の自動化：工事現場での作業を自動化するためのロボットやドローンなどが
   使われます。これにより作業効率が向上し、作業者の負担が軽減されます。
2. 建設プロジェクトのスケジューリング：AIを使って工事スケジューリングを行い、工事期間
   の短縮やコスト削減などが図られます。
3. 土木インフラのモニタリング：AIを使って土木インフラのモニタリングを行い、道路や橋な
   どの構造物の状況を把握し、早期に整備や修理を行うことができます。
4. 土砂災害予測：AIを使って土砂災害のリスクを予測し、早期に対応することができま
   す。

これらはあくまで一部の例であり、土木分野でのAIの応用はますます拡大しています。

図7-4　ChatGPTの応答例①

チャットができ、応用幅が広いのが大きな利点です。

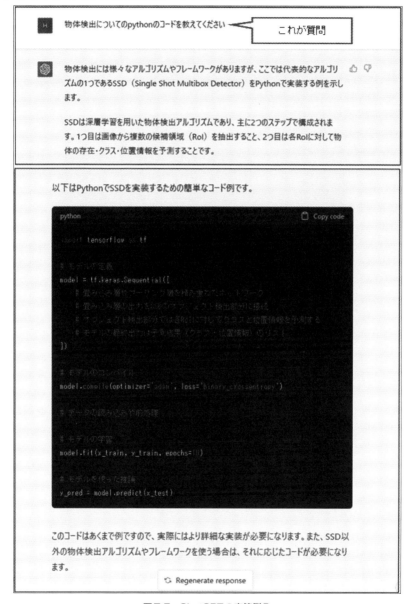

図7-5　ChatGPTの応答例②

7-2　AIが分かる人が1人いればプログラマーは不要の時代に！？

　次のプログラム（ソースコード）は、Google Colaboratoryで「ChatGPT」に
Pythonのコードを作成させたもので、プログラム作成に要した時間はわずか
数秒です。

図7-6　ChatGPTが作成したPythonのプログラム（ソースコード）

　前項で紹介した通り、この「ChatGPT」は、米国の「OpenAI」の対話型の大型
言語処理AIで、チャットができるAIロボットです。

　このChatGPTをベースにした「Microsoft365 Copilot」を米国時間で2023年
3月16日にMicrosoft社が新世代AIを公開しました（旧タイプは2022年に公開
済み）。

　これは、日常の仕事で使うことが多い、Word、Excel、PowerPointなどのソフトに組み込まれたもので、ChatGPTのように、キーワードや指令を出すことで、好きに文章、計算、プレゼンテーション用資料だけでなく、会社の経理系の事務作業のほとんどをAIが処理するという機能が搭載されたものです。

　少し不安はありますが、非常に多くの省力化・コスト削減化へ期待が集まっています

＊

　2023年3月16日（木）午後8時にNHKで放映された「世界！オモシロ学者のスゴ動画祭5」で、顔をディズニー風などにAIを使って変化させるというものがありました。

　今回は、別にAIの科学者でなくても中学生でも簡単にAIを使って顔写真を変化させることができますので、それを紹介しましょう。

　次の写真は、米国の第35代大統領ジョン・F・ケネディ（John Fitzgerald Kennedy、米、大統領、1917-1963）の顔写真です。
　この写真を、「ChatGPT」に指示をだすと、次のようにAIで処理しました。

図7-7　ジョン・F・ケネディの写真
（出典：Web；ジョン・F・ケネディ）

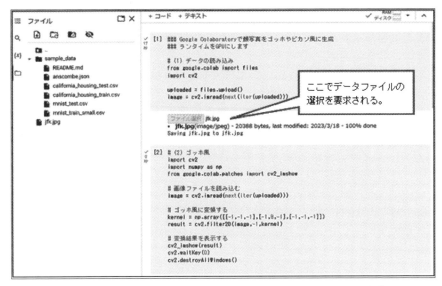

図7-8　Google Colaboratoryで顔写真データを画家が描いた作風用に生成
（ピカソ、セザンヌ風は、メモ帳のソースコードを参照）

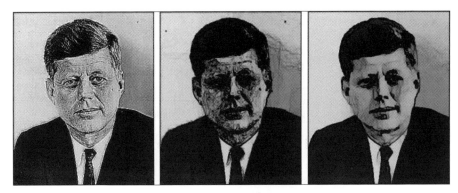

図7-9　ジョン・F・ケネディの写真から画家の作風へ変換
（左から：ゴッホ風、ピカソ風、セザンヌ風）

　作風は、少し難しいですが、いくつかの作品を見る事で、なるほどと頷ける
ものがあります。

　少し前までは、AIのプログラマーでもかなり秀悦した人でないと、このよ

うな「AIによる生成」は、そう簡単にはできませんでした。

　それが現在では、中学生でもやる気になれば先端的な高度なAIのプログラムも作ることができるようになっています。

　現在では、先端研究をする科学者・技術者などが「AIの実験ツール」として日常的に「さまざまな大規模言語処理型AI」を使い始め、さらなるAIの研究へと進化を続けているのです。

　参考までに、機械学習・AIの学習用によく使われる「lena」と「city」の画像写真を使ったものを掲載しておきます。

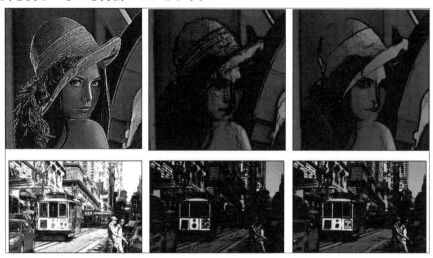

図7-10　機械学習・AIの学習用によく使われる画像から画家の作風へ変換
（左から：ゴッホ風、ピカソ風、セザンヌ風）

■AIはどこまで進化するのか！？

　ここでのプログラミングは、今までのように試行錯誤を繰り返し、何度もの失敗を重ねてやっと作り上げたプログラミングではなく、「ChatGPT」に指示を出して作ったものです。

　かかった時間は、わずか数分でコード作成から、実行までをすることができます。

　このAIは大規模言語処理型AIと呼ばれていますが、この「ChatGPT」は、公開と同時に世界へ大きな衝撃を与えました。

　非常に高度で難解なAIのプログラムさえも、あっけなく作ってしますのです。このため、最初は大きな衝撃を受けていた科学者・技術者は、「起きている現実を受け入れ、さらに研究・技術の深化へと舵を切り始めた」という状況に現在はあります。

　いつの時代もそうですが、「計算尺から電卓へ」、「手書きからワープロへ」、「手書き図面からCADへ」、「テレフォンカードから携帯へ、そしてスマホへ」と進化してきています。
　前へ進もうとする人だけが、生き残り、最後は人さえも不要になるのでしょうか…。

7-3　　AIの基本モデル「Neural Network」を生成

　次のPythonコードも、Google Colaboratoryで「ChatGPT」に作らせたもの
です。

　プログラム作成に要した時間はやはり数秒でした

```
### Google Colaboratoryを使ったNeural Network

# 01 ライブラリーのインポート
import numpy as np # 配列を扱うライブラリ
import pandas as pd # データを変換しやすいように表として扱うライブラリ
import matplotlib.pyplot as plt # データ結果を図にして可視化するライブラリ
from sklearn.neural_network import MLPClassifier # Neural Networkのアルゴリズム
from sklearn.model_selection import train_test_split # 訓練データとテストデータに分ける

# 02 データの読み込み
from google.colab import files
uploaded = files.upload()

# 03 データの入力
df = pd.read_csv('tenpo_neural.csv', encoding='Shift_JIS')

# 04 データタイプの確認
print(type(df))

# 05 Neural Networkのモデル
clf = MLPClassifier(hidden_layer_sizes=20, activation='relu', solver='adam', max_iter=700)

# 06 訓練データとテストデータに分ける
X = df.iloc[:, :-1].values
y = df.iloc[:, -1].values
X_train, X_test, y_train, y_test = train_test_split(X, y, test_size=0.31, random_state=0)

# 07 Neural Networkの訓練
clf.fit(X_train, y_train)

# 08 正答率を表示
print('Test set score:', clf.score(X_test, y_test))

# 09 損失曲線を表示
plt.plot(clf.loss_curve_)
plt.title("Loss Curve")
plt.xlabel("iteration")
plt.ylabel("Loss")
plt.grid()
plt.show()

# 10 基本統計量の確認
print(df.describe().round(2))

# 11 予測
prediction = clf.predict([[10, 45, 40, 1450], [10, 45, 40, 1367]])
print(prediction) # 正解は 最初が1500 と 後は 1500 がでればOK
```

図7-11　ChatGPTが作成したPythonのプログラム（ソースコード）

　図7-11は、「ChatGPT」が回答してくれたものをコピー＆ペーストでメモ帳
に張り付けたものです。

このメモ帳を元に、Google Colaboratoryで計算を行ないました。

```
[1] # 01 ライブラリーのインポート
    import numpy as np # 配列を扱うライブラリ
    import pandas as pd # データを変換しやすいように表として扱うライブラリ
    import matplotlib.pyplot as plt # データ結果を図にして可視化するライブラリ
    from sklearn.neural_network import MLPClassifier # Neural Networkのアルゴリズム
    from sklearn.model_selection import train_test_split # 訓練データとテストデータに分ける
```

```
[2] # 02 データの読み込み
    from google.colab import files
    uploaded = files.upload()
```

ファイル選択 tenpo_neural.csv
- **tenpo_neural.csv**(text/csv) - 369 bytes, last modified: 2023/3/28 - 100% done
Saving tenpo_neural.csv to tenpo_neural.csv

```
[3] # 03 データの入力
    df = pd.read_csv('tenpo_neural.csv', encoding='Shift_JIS')
```

```
[4] # 04 データタイプの確認
    print(type(df))
```

```
<class 'pandas.core.frame.DataFrame'>
```

```
[5] # 05 Neural Networkのモデル
    clf = MLPClassifier(hidden_layer_sizes=20, activation='relu', solver='adam', max_iter=700)
```

```
[6] # 06 訓練データとテストデータに分ける
    X = df.iloc[:, :-1].values
    y = df.iloc[:, -1].values
    X_train, X_test, y_train, y_test = train_test_split(X, y, test_size=0.31, random_state=0)
```

```
[7] # 07 Neural Networkの訓練
    clf.fit(X_train, y_train)
```

```
▾          MLPClassifier
MLPClassifier(hidden_layer_sizes=20, max_iter=700)
```

```
[8] # 08 正答率を表示
    print('Test set score:', clf.score(X_test, y_test))
```

```
Test set score: 0.16666666666666666
```

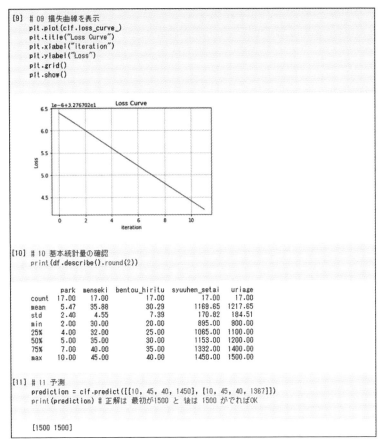

図7-12　ChatGPTが作成したPythonのプログラム（ソースコード）

Neural Network では、

```
Clf=MLPClassifier(hidden_layer_sizes=20,activation='relu',s
olver='adam',max_iter=700)
```

のコードを使い、「hidden layerの数」「activation」（活性化関数）、「solver」（重みとバイアスを最適化するアルゴリズム、adamやAdagradなどがある）、「max iter」（最適化アルゴリズムを繰り返すハイパーパラメータ）などで調整・検証し、最適なパラメータを決めていくことが求められます。

この数値が少し異なるだけで、精度が大きく異なることがあります。

　下は、hidden layer数と収束回数を変えたもので、損失曲線が、安定的に収束している様子を見る事ができます。予測解は「2つとも1500（uriage万円/月）」です。

```
Clf=MLPClassifier(hidden_layer_sizes=100,activation='relu',
solver='adam',max_iter=200000)
```

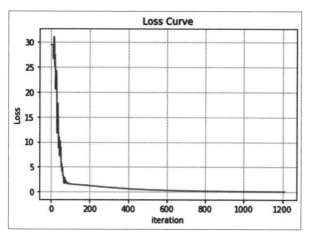

図7-13　Google Colaboratoryで計算したNeural Networkの損失曲線

	A	B	C	D	E	
1	park	menseki	bentou_hiritu	syuuhen_setai	uriage	
2	10	45	40	1450	1500	
3	10	45	40	1367	1500	
4	8	40	35	1352	1400	
5	5	40	40	1332	1400	
6	8	40	40	1356	1400	
7	5	35	30	1150	1200	
8	7	35	30	1250	1300	
9	5	35	30	1123	1200	
10	5	35	30	1153	1200	
11	6	35	35	1258	1300	
12	5	35	30	1100	1200	
13	3	32	20	980	1000	
14	4	32	30	1176	1100	
15	4	32	25	1065	1100	
16	3	32	20	982	1000	
17	3	32	20	895	1000	
18	2	30	20	895	900	

図7-14　使用したデータ（Excelのcsv形式で保存しておく：コンビニの例題）

参考までに、**図7-14**の末尾の「900」を「?」にして、プログラム（ソースコード）を「ChatGPT」にSVMアルゴリズムでのソースコードを作成させたものを掲載します。

```
[3] import pandas as pd
    from sklearn.svm import SVR

    # データを読み込み
    data = pd.DataFrame({
        'park': [10, 10, 8, 5, 8, 5, 7, 5, 5, 8, 5, 3, 4, 4, 3, 3, 2],
        'menseki': [45, 45, 40, 40, 40, 40, 35, 35, 35, 35, 35, 32, 32, 32, 32, 32, 30],
        'bentou_hiritu': [40, 40, 35, 40, 40, 30, 30, 30, 30, 30, 30, 20, 20, 25, 20, 20, 20],
        'syuuhen_setai': [1450, 1387, 1352, 1332, 1356, 1150, 1250, 1123, 1153, 1258, 1100, 980, 1176, 1065, 982, 895, 885],
        'uriage': [1500, 1500, 1400, 1400, 1400, 1200, 1300, 1200, 1200, 1300, 1200, 1000, 1100, 1100, 1000, 1000, None]
    })

    # 欠損値を予測するためのデータを作成
    X_missing = data[data['uriage'].isnull()][['menseki']]
    # 欠損値を含まないデータでSVMモデルを学習
    model = SVR()
    data_cleaned = data.dropna()
    model.fit(data_cleaned[['menseki']], data_cleaned['uriage'])
    # 欠損値の予測値を計算
    y_missing = model.predict(X_missing)
    # 欠損値を補完
    data.loc[data['uriage'].isnull(), 'uriage'] = y_missing

    print(data)

        park  menseki  bentou_hiritu  syuuhen_setai      uriage
    0     10       45             40           1450  1500.000000
    1     10       45             40           1387  1500.000000
    2      8       40             35           1352  1400.000000
    3      5       40             40           1332  1400.000000
    4      8       40             40           1356  1400.000000
    5      5       35             30           1150  1200.000000
    6      7       35             30           1250  1300.000000
    7      5       35             30           1123  1200.000000
    8      5       35             30           1153  1200.000000
    9      8       35             30           1258  1300.000000
    10     5       35             30           1100  1200.000000
    11     3       32             20            980  1000.000000
    12     4       32             20           1176  1100.000000
    13     4       32             25           1065  1100.000000
    14     3       32             20            982  1000.000000
    15     3       32             20            895  1000.000000
    16     2       30             20            885  1196.375294
```

図7-15　Neural Networkで使ったデータをSVM（サポートベクターマシン）で解く

図7-15は、Excelで作成したデータを「900部分を？マークにした」ものを、そのままデータを選択コピーし、「ChatGPT」に張り付けて、「?」部分をSVMで予測するように指示をしたソースコードとその結果です。

結果では、「900 ➡ 約1198（万円/月）」に予測されています。

これは、このデータそのものは実際のコンビニの売上データではなく、練習用に作ったものですので、既存店舗の状況から考えると、売上は「約1198万/月」でもおかしくないということが考えられそうです。

今回は、少ないデータでの予測を行いましたが、データ数が多いほど解は安定化していきます。ただ、「ChatGPT」はさまざまな利用が可能ではないかと示唆されるものでした。

■ChatGPTに熱伝導方程式を有限要素法で解くプログラムを作成

熱伝導方程式の支配方程式は、次の式です。

$$\rho c_p \frac{\partial T}{\partial t} = \rho c_p \left(\frac{\partial T}{\partial x} \frac{\partial x}{\partial t} + \frac{\partial T}{\partial y} \frac{\partial y}{\partial t} + \frac{\partial T}{\partial z} \frac{\partial z}{\partial t} \right)$$

$$\nabla \cdot \left(k \nabla T \right) = \frac{\partial}{\partial x} \left(k \frac{\partial T}{\partial x} \right) + \frac{\partial}{\partial y} \left(k \frac{\partial T}{\partial y} \right) + \frac{\partial}{\partial z} \left(k \frac{\partial T}{\partial z} \right)$$

$$Q = Q\left(x, y, z, t \right)$$

（T：温度，t：時間，$x \cdot y \cdot z$：空間座標，ρ：物質の密度，c：比熱容量，k：熱伝導率，Q：熱量）

解析方法には、「差分法」「有限要素法」「境界要素法」が知られていますが、「ChatGPT」に指示を出すと、あっけないほど簡単に次のようなコードを書いてくれました。

図7-16　Google Colaboratoryで熱伝導方程式を解く

Google Colaboratoryで実際に解いた結果が次の図です。

左の上から下側にいき,そして右側の上にと、伝搬過程が分かります。

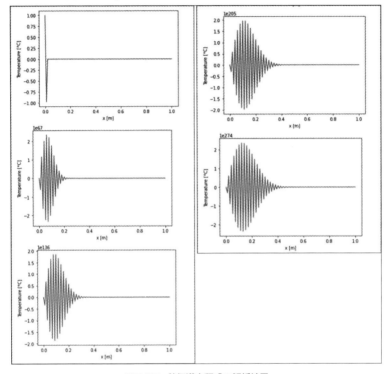

図7-17　熱伝導方程式の解析結果

　数年前までは、熱伝導方程式やその他の支配方程式は、まず数式の定式化を行ない、境界条件や初期条件を入れ、四苦八苦して作っていました。

　それが、本節で示したように、あっけないくらい簡単にプログラムや具体的な使い方までも解説してくれる時代になっています。

　時代がとんでもないスピードで変化しているのを感じざるをえません。なかなかこうした現実を素直に受け入れがたい気持ちもありますが、起きている現実を直視することも研究者・技術者には求められているのです。

　そして、そこに広がる果てしのない地平には希望の未来が開けるように、一歩一歩進んでいかなくてはならないということではないでしょうか。

索　引

五十音順

＜あ行＞

＜か行＞

＜さ行＞

＜た行＞

＜な行＞

＜は行＞

＜ま行＞

＜ら行＞

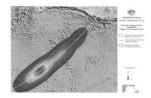

《著者略歴》

和田　尚之（わだ・ひろし）

宮城県気仙沼生まれ、東京日本橋人形町で過ごす。

1977年、日本大学在学中渡米、UCBerkeley教授Garrett Eckbo氏の事務所で環境論研究。
また、渡米中UCLA教授Lawrence Halprin氏、Harvard大学教授Robert L.Zion氏と関わり、
帰国後も影響を受ける。
1978年12月Zion氏の「ミッドタウン・パーク・システム」を翻訳（環境計画家協会、環02号）。

大学卒業後、日本大学数理工学科登坂宣好教授の研究室で、7年間、環境分野での境界要素法（2
次元非定常移流拡散問題の積分方程式法）の研究。

1998年、長野県に活動拠点を移す。
2003年、信州大学大学院工学系研究科博士後期課程修了（2年で博士の学位取得飛び級修了。
奥谷 巖教授研究室：地域計画・交通論）。地元の大学で非常勤講師として情報系講座の講義
で10年教鞭を取る。
2017年以降、東京でAIセミナー、AI講演会（経産省・国交省・土木研究所後援）で講師。
慶應義塾大学の武藤佳恭名誉教授・武蔵野大学データサイエンス学部教授のもとで自然エ
ネルギーを使った温度差発電（薪ストーブ発電によるLEDイルミネーション）等で観光・地
域のにぎわい化や機械学習・AIの無償教育啓発活動などを行なっている。
専門は地域学（自己組織化臨界状態理論）、数理学（データサイエンス・機械学習）。

現在　技建開発（株）教育センター長。工学博士、技術士、1級建築士、専門社会調査士。

［主な著書］

- ・「機械学習コレクション Weka入門」　2019年
- ・「機械学習」と「AI」のはなし　2020年
- ・実務のための「機械学習」と「AI」　2021年
- ・機械学習とAIのためのデータの自己組織化　2022年
- ・数学千夜一夜～「数字の発明」から「AIの発展」まで～　2023年

すべて工学社より

本書の内容に関するご質問は、
①返信用の切手を同封した手紙
②往復はがき
③FAX (03) 5269-6031
　（返信先のFAX番号を明記してください）
④E-mail　editors@kohgakusha.co.jp
のいずれかで、工学社編集部あてにお願いします。
なお、電話によるお問い合わせはご遠慮ください。

サポートページは下記にあります。

［工学社サイト］
http://www.kohgakusha.co.jp/

I/O BOOKS

「機械学習・AI」のためのデータ処理入門

2023年 8 月30日　初版発行　©2023

著　者　　和田　尚之
発行人　　星　正明
発行所　　株式会社工学社
〒160-0004 東京都新宿区四谷4-28-20 2F
電話　　　(03) 5269-2041 (代) ［営業］
　　　　　(03) 5269-6041 (代) ［編集］

※定価はカバーに表示してあります。

振替口座　00150-6-22510

印刷：(株)エーヴィスシステムズ

ISBN978-4-7775-2267-5